陪孩子终身学习

弘丹　余愉　青幪◎主编

文化发展出版社
Cultural Development Press
·北京·

图书在版编目（CIP）数据

陪孩子终身学习 / 弘丹，余愉，青幪主编 . — 北京 ：
文化发展出版社，2024. 11. — ISBN 978-7-5142-4519-6

Ⅰ . G78

中国国家版本馆 CIP 数据核字第 20246PG022 号

陪孩子终身学习

弘丹　余愉　青幪　主编

出 版 人：宋　娜
责任编辑：孙　烨　　　　责任校对：侯　娜
责任印制：邓辉明　　　　封面设计：孙　怡
出版发行：文化发展出版社（北京市翠微路 2 号　邮编：100036）
网　　址：www.wenhuafazhan.com
经　　销：全国新华书店
印　　刷：河北盛世彩捷印刷有限公司

开　　本：880mm × 1230mm　1/32
印　　张：10.5
字　　数：202 千字
版　　次：2024 年 11 月第 1 版
印　　次：2024 年 11 月第 1 次印刷

定　　价：59.00 元
I S B N：978-7-5142-4519-6

◆ 如有印装质量问题，请电话联系：0318-6658666

序 言 》

生命是一场体验，而孩子的到来，会给我们带来完全不一样的人生体验，从此我们有了软肋，也有了铠甲。

陪伴孩子成长的过程，也是父母自我觉醒和自我学习的过程。正如《家庭的觉醒》一书中所言，孩子是我们内心深处的唤醒者。与孩子的每一次冲突和矛盾，仿佛都像是一面镜子，照见了真实的自己，也促进了自己的觉醒。

陪孩子终身学习，是我的核心育儿理念。学习力，是孩子一生最重要的能力，它会带给孩子自信。

一个拥有学习力，掌握了学习方法的孩子，不管未来从哪个学校毕业，学的是什么专业，都能脱颖而出。

未来是不确定的。作为父母，我们要保持自主学习的习惯，紧跟时代的发展脚步。同时，也要把自主学习的能力传承给孩子，让孩子认识到终身学习的重要性。我们还要让孩子养成良好的学习习惯、优秀的品质、乐观的心态，以及对生活的热爱……

教育是一场马拉松，而非短跑。陪伴孩子成长的过程，是静待花开的过程。不要想在短时间内就看到孩子的蜕变。孩子的成长，是一个复利的过程。

每个孩子都拥有强大的生命力与自我修复能力。他们有自己的天赋、才华和使命。每个孩子都会找到属于自己的人生道路。

父母要认识到孩子是独立的个体，要尊重他们的选择，培养他们的自我担当能力，同时要做好“课题分离”。纪伯伦的《致孩子》里有一段话：

“你的孩子，其实不是你的孩子。

“他们是生命对于自身渴望而诞生的孩子。

“他们通过你来到这个世界，却非因你而来。

“他们在你身边，却并不属于你。”

我们是孩子生命成长的陪伴者，同时，我们也是自己。身为父母，我们要活出自己的生命状态，不要为了孩子而完全放弃自己的追求。

《陪孩子终身学习》这本书，汇集了39位作者陪孩子学习成长的生命故事。阅读每位作者的故事，我感受到了父母对孩子的爱，了解了他们在陪孩子的过程中所面对的种种挑战。

书中的作者来自各行各业，其中有很多教育工作者，如学前教育老师、小学老师、初中老师、高中老师等，还有家庭教育指导师、阅读指导师、升学规划师等。他们拥有多年的教育经验，分享了很多对于教育的思考和实战案例。

本书涵盖各个年龄段的孩子的故事。从真实的故事中，你可以看到各个年龄段的孩子会遇到的挑战，以及相应的解决方案。

阅读不同的父母陪孩子成长的故事，相信可以让你在育儿方面少走很多弯路。

弘丹　畅销书作家，连续4届当当影响力作家；《AI写作宝典》《精进写作》等7本书作者。她分享了自己在育儿和个人成长方面的深刻见解，展现了她作为母亲的温暖与智慧，情感细腻，具有很强的启发性。

余愉　正面管教讲师，心理咨询师，升学留学规划师。她深入探讨了心力能量在孩子成长过程中的重要性，提供了科学的教育方法和正面管教工具，对引导家长如何培养孩子具有指导性。

青幪　高级儿童阅读指导师，高级家庭教育指导师，儿童阅读推广人。她通过亲身体会，从专业视角出发，探讨了如何成为孩子的榜样和引导者，给家长提供了实用的家庭教育建议。

柯美彤　从事教育工作20年，培训过3000多名学员。中国民建委员，中国青联市级常委。旭阳教育创始人，美彤读书会创始人。“全国好青年”代表，“吉林省好青年”。心理咨询师，家庭教育指导师。她通过言传身教的方式来教育孩子，同时帮助家长成为更好的父母，陪孩子终身学习。

夏秀文 产品经理人，鼓励式育儿践行者，连续给孩子手写鼓励贴2年。她以细腻的笔触记录下自己与孩子共同成长的点点滴滴，展现了坚持的力量，传递了积极育儿和自我成长的理念，对家长有参考价值。

余小秋 高级家庭教育指导师/咨询师，绘画投射心理分析师/咨询师，中小学高级教师，教学一线深耕30余年。她以细腻的笔触记录下自己在育儿路上的艰辛与喜悦，展示了母爱的力量和家庭教育的重要性，激励人心。

温暖智慧进哥哥 深耕职场31年，专注组织人事与人力资源工作23年，曾任多刊（报）主编、副主编、编辑及记者，编辑写作文稿超160万字，现致力于企业品牌建设、管理和人才培训。他以自己的教育理念为核心，阐述了父母陪孩子终身学习、共同成长的重要性，对父母极具启发性。

何伊庭 歌手，专栏作家，高级家庭教育指导师。她根据自己的亲身经历，深刻阐述了做母亲的不易和对育儿的深思，内容丰富，展现了她在面对挑战时的坚韧与智慧。

郑韦唯 学前教育工作者，乐嘉性格色彩认证讲师。她通过与小羔的互动案例，生动展示了学前教育中性格色彩分析和正面教育的重要性，方法具体，情感真挚，对教育工作者具有实践指导价值。

莱雪 80后二孩职场宝妈，《写作重塑人生》合集作者。她领悟到育儿的关键在于调和与顺应，想要让孩子前行，先要激发其内驱力。真正的陪伴，不是简单地传授知识，而是与孩子共同学习成长。

时中谈 家庭教育高级指导师，儿童阅读指导师兼会长。他阐述了阅读在个人成长和教育方面的重要作用，富有启发性，对推广阅读文化具有积极的影响。

美瑶 金融业二孩职场妈妈，家庭教育指导师，明日之星沙盘引导师，亲子学习教练。她探讨了家庭教育的重要性，强调了培养孩子的健全人格和良好习惯的必要性，分享了实用的育儿策略，对职场父母具有一定的借鉴意义。

蓝敏 教师、学习力教练、“弘丹写作学院”写作教练。她领悟到在孩子成长过程中，父母要做的不只是教给孩子知识和道理，还要给予孩子安全感和价值感。她专注于提升孩子的学习力，关心孩子的情绪变化，尊重孩子的感受和需要。

莉莉安吴 深耕教育行业15年，热爱阅读的写作教练，

《Hello，宝贝》《和宝贝一起成长》《了不起的发光女孩》等共著作者。她通过自己的育儿经历，深刻反思了完美主义教育的局限性，提倡接纳孩子的不完美，鼓励孩子做自己。

肖敦兵 家庭温暖传递者，社会责任倡导者。他极富爱心，期望携手更多的人，去关爱残疾儿童家庭，为这样的家庭点亮希望之光，为构建更加美好的社会贡献自己的一份微薄之力。

潘晓红 正高级教师，省级物理学科带头人，写作爱好者，终身学习践行者，学科教育、家庭教育指导者。她通过28年的教育实践，展现了自己对教育事业的热爱与追求，以及在教学和班级管理上的创新与成效，深刻诠释了教育的深远意义。

婷然 自由撰稿人/写作教练，中国太平人寿保险公司培训讲师，《了不起的发光女孩》合集作者。她通过讲述自己与孩子共同成长的故事，展现了育儿面临的挑战，有一定的参考价值。

Lydia郑佳慧 脑心身健康管理师，上海三合院能量舒活中心联合创办人。她以真挚的情感和敏锐的洞察力，分享了自己在育儿和个人成长方面的心得，文字感人，充满正能量。

Luna 高级精力管理教练、生命能量管理师，《了不起的时间管理》《了不起的精力管理》作者，“Luna成长学院”创始人。她讲述了自己作为一个职场母亲，在育儿和个人成长方面遭遇的挑战与自我修行，文字真诚，引人共鸣。

高千然 中国青年书法家协会会员，徐州市书法家协会会员。她讲述了自己的亲身经历，对育儿和自我成长进行了深刻反思，同时提供了实用的育儿方法和情绪管理方法。

白霏 咨询公司合伙人，商业教练，坚持写作5年。她以深情细腻的文笔，讲述了自己陪伴孩子参加高考的心路历程，情感真挚，具有一定的参考价值。

晶晶 医保工作者、健康管理师、家庭教育指导师、国家二级心理咨询师。她在陪孩子成长中不断学习，成就了孩子，同时也成就了自己，实现了自我蜕变。

绿豆芽 教育工作者，拥有20年的教育教学经验。她认识到，在解决就业难的问题上，父母的认知和思维起着决定性的作用。她陪着孩子面对就业挑战，提供了深刻的教育和就业指导，具有启发性。

留学红芬老师 北京新彤星教育科技有限公司创始人，16年经验全球通留学规划师，《写下来的梦想更容易实现》联合作者。她深刻阐释了终身学习的重要性，分享了自己作为母亲和教育工作者的育儿经验，强调了父母在孩子教育中的示范作用。

名校规划导师熳宁 海外名校升学专家，香港留学公司规划技术总监，蓝图生涯规划创始人，青少年生涯规划培训导师。她给自家女儿做升学规划，女儿成功逆袭之后，她总结出了孩子成功升学的秘籍，核心是先了解孩子，因材施教，为孩子量身定制个性化的学业规划方案。

Tina　朗驰电子科技有限公司创始人之一；爱跳拉丁舞，会处理情绪。她根据自己真实的育儿经历，讲述了一位职场母亲的个人成长之旅与情绪管理方法，传递了积极的育儿理念，鼓舞人心。

百顺　执业中药师，二级公共营养师，阅读和写作爱好者。她以真挚的笔触，记录了自己与孩子共同成长的故事，文笔流畅，展现了作者对亲子教育的深刻理解。

余杨　80后职场宝妈，坚持写作十二年。她根据自身亲子学习经历，生动展现了终身学习理念在家庭教育中的实践，情感真挚，充满正能量，对现代父母和孩子共同成长具有积极启示。

陈爱文　国家企业人力资源管理师，共学社群运营者。她根据自己的亲身经历，深刻反思亲子关系，阐释了陪伴对孩子成长的重要性，富有启发性。

林丽英　家庭教育指导师（高级）、企业生产经理。她善于引导孩子探索兴趣爱好。孩子面对挑战时，她能成为孩子的坚强后盾，共同寻找解决问题的方法；与孩子一起共同学习，共绘成长画卷。

欢欢　山东大学MBA，有十余年质量管理经验。两个孩子的妈妈，阅读和写作爱好者。思想开明的父母给了儿时的她充分的自由、尊重、爱和支持，她的育儿方式深受其父母的影响。同时，她认识到育儿也是一场自我修行。终身学习和成长，让她有自信面对变化的环境。

张沙沙　高级软件开发工程师，国家注册心理咨询师，职业生涯规划师，两个孩子的妈妈。她根据自身育儿经历，阐明了个人成长与育儿的紧密联系，反思深刻，提供了实用的育儿和自我提升策略，具有启发性。

易学　英语老师，37岁之后开始学习街舞、插花、茶艺等。她通过反思自己的成长历程，详细地记录下自己在育儿过程中所面对的挑战及转变，情感真挚，对父母进行自我提升和情绪管理具有启示意义。

卓然　心理咨询师、心理疗愈师，家庭教育指导师。她根据自己的亲身经历，深刻阐释了陪孩子成长对父母自我成长的重要性，发人深省，为现代家庭教育提供了宝贵的实践经验与思考。

张菊花　高中老师。她根据自身经历，深刻阐述了学习和成长的内涵，强调了实践与内化知识的重要性。语言朴实真挚，给人以启发和共鸣。

丁慧娟　一位与学生并肩作战十余年的老师，也是家庭教育指导师；热爱美食且爱孩子的育儿达人。她讲述了自己作为一个母亲的成长历程，分享了自己的育儿智慧和对个人成长的坚持。

王棕宝　新晋宝妈，为国资央企提供内容服务10余年。她根据自己的亲身经历，真挚地分享了自己成为母亲后的心路历程和育儿思考，阐述了自我成长与育儿相辅相成的理念，极富启发性。

江静华　高级家庭教育指导师、高级青少年成长指导师、高级阅读指导师。她见证了儿子的成长与蜕变，他们相互学习、共同成长。在孩子成长过程中，她学会了倾听孩子内心的声音，尊重孩子的选择与梦想；孩子则教会了她如何以更加开放和包容的心态面对生活。

朱文静　3个孩子的宝妈，收纳整理达人，利用AI教育孩子、陪孩子终身学习的实践者。她以教育理念为基础，通过生动案例阐释了AI时代父母角色的定位、AI学习工具和学习环境对孩子成长的关键作用，为家庭教育提供了宝贵的指导和启示。

非常推荐你添加本书作者们的微信，跟作者们近距离交流，围观他们的朋友圈。也可以添加我的微信，未来我会帮助至少1000位作者实现出书的梦想。

我要感谢每一位作者，他们毫无保留地分享了自己陪孩子成长的故事，共同创作了这本书，也特别感谢大咖书房的用心策划，为本书的出版付出了很多心血。

最后，感谢阅读这本书的你，期待我们因书结缘，成为育儿路上的同行者。让我们一起陪孩子终身学习，同时勇敢追寻自己的梦想，实现自我价值。

弘丹

2024年9月29日

于上海

柯美彤

夏秀文

余小秋

温暖智慧进哥哥

美瑶

蓝敏

莉莉安吴

肖敦兵

高千然

白霏

晶晶

绿豆芽

余杨

陈爱文

林丽英

欢欢

丁慧娟

王棕宝

江静华

朱文静

合集出书 >>>

帮你从 0 到 1 实现出书梦想

今天，出书不再是少数人的机会。「大咖书房」为了帮助普通人实现出书梦想，正式发起了「畅销书 IP 计划」。

我们将和知名畅销书作家、资深编辑和写作导师一路，带你深度体验写书出书的关键过程。即使你从未有过任何写作和出书经验，也能在大咖书房的精心辅导下，实现自己期待许久的出书梦想。

独著出版 >>>

畅销书 = **流量** + **影响力** + **IP** + **产品** + **变现**

出一本书，就意味着你在该领域的影响力、发言权和领先地位。而成功打造一本爆款畅销书，能让你的影响力快速放大，为你带来更多领域上的成功。

如此多的知识作家和 IP 愿意选择**大咖书房**，

就是因为我们能为你带来**高效专业**的

定位、写书、出书、推广和销售的全站式服务。

扫码添加《陪孩子终身学习》联合作者

弘丹

余愉

青檬

何伊庭

郑韦唯

莱雪

时中谈

潘晓红

婷然

Lydia 郑佳慧

Luna

留学红芬老师

名校规划导师熳宁

Tina

百顺

张沙沙

易学

卓然

张菊花

目　录

CONTENTS

弘丹

用爱陪伴孩子成长，让学习成为孩子的终身优势

畅销书作家
连续4届当当影响力作家
《AI写作宝典》《精进写作》等7本书作者

此时，是2024年8月21日，我在书房，面对着电脑，手在键盘上敲击写下这篇文章。仿佛回到了9年前的清晨，早起的我在书桌前写下400字的日记。

岁月如梭，我从一个IT女工程师，到如今已出版7本书的畅销书作家，我的人生轨迹在不经意间发生了翻天覆地的变化。

就在4天前的8月17日，我在上海举办了“弘丹AI自媒体写作线下大课”，来自全国各地的80多位小伙伴，跨越千里，奔赴上海，来到现场。

我身着白色西装，内搭红色裙子，脚踏白色运动鞋，在讲台上站了一整天，激情满满地给大家上课。

线下课举办得很成功，大家都被现场的能量深深感染。我跟大家分享，自己是怀孕4个月的准二孩宝妈。大家都震惊了，没想到我一个孕妈妈，居然做了这么多事情，有如此强大的生命力。

2018年，29岁的我，绘制了一幅生命图景。画面是我和先生，还有两个可爱的孩子。旁边是一个书架，放着我和先生出版的书，上面写着“写作”“育儿”等关键词。

没想到，在35岁，这张生命图景上的愿望都实现了。我即将迎来第二个宝宝，也即将出版第一本育儿书，就是你正在阅读的《陪孩子终身学习》。

这本书，是我送给孩子们的礼物。“陪孩子终身学习”，这是我的育儿理念。我希望在有生之年，能够持续陪伴孩子们学习，共同成长。

01. 从胎教开始，让孩子在故事中成长

2018年，当我的第一个孩子诞生时，我专门为他制作了一本纸质书《豆豆诞生记》。豆豆是他出生前的小名，我在书中记录了从知道怀孕到孩子出生这9个月的点点滴滴。这本书由写了3万多字的日记制作而成，作为送给宝宝的出生礼物。

在写这篇文章时，我从头到尾阅读了之前写下的日记。从得知怀孕时的惊喜，到第一次听到孩子的心跳，再到第一次看到孩子的四维彩超……从字里行间，感受着初为人母的兴奋和幸福，感觉一切都是新鲜和美好的。

在宝宝满月的时候，我给他写了一封信，此时重读这封信，依然会被深深感动。“**看着你躺在妈妈的怀里喝奶，看着你在妈妈的怀里熟睡，看着你在妈妈的怀里撒娇……妈妈都觉得非常幸福。这是妈妈以前所未有的体验，是你的到来带给妈妈的幸福。**”

岁月流转，大宝即将6周岁，再过一年，就是一年级的小朋友了。我们夫妇的脸上也留下了岁月的痕迹，白发悄然生根。在陪伴孩子成长的6年里，我尽力做到与孩子共同学习，帮助他养

成良好的习惯。

蔡志忠在自己的传记《我命由我不由天》里讲道：**“在3岁半之前，在孩子的大脑输入1000个故事，必能提升他们的想象力和对世界的认知。”**

当孩子还在肚子里时，我就讲故事给孩子听。大概从怀孕20周开始，我每天晚上都会给孩子读故事。有几个印象特别深的故事，如《开心宝贝》《天鹅湖》《象鼻子桥》《曹冲称象》等。

孩子从小就特别喜欢听故事。不管是在家里，还是一起出去旅行，他经常说的一句话就是：“妈妈，给我讲一个故事。”甚至有时早晨起床，睁开眼就说：“妈妈，给我讲故事。”暑假带他每日打卡，其中一项就是“每天讲两个故事”，这是他最喜欢的打卡项目。我也给他开通了他的专属视频号“Alex讲故事”，更新他喜欢的故事，也在小宇宙App，给他开通了播客栏目“故事星球”和“英语星球”，分享中文和英文故事。

喜欢听故事的孩子，也会很喜欢阅读。大宝是一个很爱阅读的孩子，经常自己随手拿起书阅读。他喜欢地理，知道的国家名称比我知道的还多。很多知识讲过一遍，他就能记住，还能绘声绘色地讲出来。

现在二宝在肚子里已18周，我又开启音乐胎教和故事胎教。我每天早上7点多给宝宝放清晨音乐，晚上8点播放睡前音乐，跟宝宝说睡觉时间到了。

我和孩子爸爸经常绘声绘色地给肚子里的宝宝读故事，而我们平常陪大宝读绘本，讲故事，也是一种胎教。

陪伴孩子成长，不是妈妈一个人的事情，整个家庭是一个支持系统。孩子的爸爸很喜欢陪伴孩子，除了工作时间，大部分时间都花在家庭里。他平常会花很多时间陪孩子读书、运动等，在孩子成长的过程中从未缺席。孩子的爷爷奶奶也是带娃的好帮手，为孩子的成长付出了很多。

马上就要开启二宝家庭，一定会有新的挑战，但这对我来说也是非常珍贵和独特的成长经历。

02. 培养良好的学习习惯，成为一个能坚持的人

孩子学龄前，要帮助他们养成良好的学习习惯。小学阶段，相比学习成绩，培养孩子的学习习惯更重要。虽然我家大宝还没上小学，但从他日常的一些习惯可以看出，他会是一个爱学习的孩子。

大宝5岁时，我开始陪他学习英语。从红火箭的英语绘本，到各种英语动画片，再到线上的英语课程。像“Little Fox”“WOW English”等系列动画片是他比较感兴趣的。

起初，他只是默默吸收，并没有开口说英语。直到半年后，2024年暑假，他突然开始说英语。平常聊天，他也会忍不住用英语来表达。

那一刻，我真的感受到时间的力量。就像孩子小时候，一开始只会说“妈妈”“爸爸”等简单的词汇，突然到了某一天，他就会说完整的句子了。

英语的学习也是如此。前期是积累期，等积累到一定阶段，孩子自然就能够用英语来表达，这个阶段就忍不住想说英语了。

在陪大宝学习英语的过程中，我自己也是每天练习30分钟的英语口语，每周至少完成5天的打卡。尽管工作很忙，也坚持抽出时间来练习。即使是家里的水管爆了，收拾到深夜11点多，依然会心平气和地坚持完成打卡。

2024年5月，大宝开始用“百词斩”App每天学习英语单词，每天打卡。到8月底，他连续打卡超过100天。这是在没人监督的情况下，他自己坚持完成的。

暑假，他回老家，每天都很自觉地完成百词斩的打卡，一天都没有间断。他加入了百词斩的班级，在100多人的小班里，“连续不断电”排行榜上排名第二。班里的孩子都比他大，有小学高年级的，还有初中的，而他还是个中班的小朋友。

在这个过程中，我看到了他坚持的品质，还有他的好胜心。他是一个比较有好胜心的孩子，会经常关注自己的排名，也很希望自己能成为第一名。孩子的好胜心和坚持的品质，对于学习是很重要的。

他还学习跆拳道，虽然去的时间还不多，大概学了10节课，刚考了黄带，但他每次上课都很认真，不怕苦，老师教的动作他都很认真地完成。

在孩子小的时候，我更看重他的习惯，以及他内在的品质。**好的习惯和品质，是人生的根基。**

03. 在AI时代，让学习成为孩子的终身优势

从学校毕业后，我自己也在持续学习，并立志成为一名终身学习者和终身写作者。

2014年从浙江大学硕士毕业，2015年从零开始写作。从一开始每年阅读不到20本书，到超过100本书。写作9年，我一直在践行大量阅读和大量写作，累计写作字数超过1000万字。

除了阅读写作，我也在持续学习英语。虽然不是英语专业出身，在浙大读研时，自学考了上海中级口译证书、高级口译笔试证书，也完成了两本10万字的英语书籍翻译。

专注写作领域将近10年的时间，我现在取得的成绩，都是通过学习获得的。从工科生跨界写作，我通过自学掌握了写作技能。2020年，从500强外企辞职后成为内容创业者，在创业过程中也学会了很多新技能。

对于孩子的成长，我非常关注孩子的学习力。一个拥有学习内驱力，掌握了学习方法的孩子，不管未来从哪个学校毕业，学的是什么专业，都能脱颖而出。**学习力，是最重要的能**

力，能带给孩子底层的自信。

特别开心，2024年可以出版《陪孩子终身学习》这本书。通过此书，我想要传递给孩子的最重要的一个理念就是成为一个终身学习者。

现在是人工智能的时代，我自己是工科生，也是一个拥抱科技的人，家里有扫地机器人、洗碗机、炒菜机器人等，极大地节省了做家务的时间。

我们的孩子长大了，一定要学会与人工智能强强联合。学校里教的知识，是远远不能满足孩子一生的技能需求的。孩子必须有自学能力，能够通过自学掌握多个硬核技能。

如今，我是一位准二宝妈妈，再过5个月，二宝也要出生了。35岁之后的人生，我会花更多的时间在家庭和孩子教育上。

2024年暑假，我开启了第一期“孩子的创意写作课”，因为大宝马上要成为一年级的小学生，我未来也需要辅导他写作文。

把必须做的事情，变成自己的优势。既然我必须开启辅导作文这件事，为什么不把这件事变成自己的优势、变成自己的事业呢？所以，趁着二宝还在肚子里，我就开启了“孩子的创意写作课”，开启事业的第二曲线。

第一期创意写作课，收到了很多的好评，孩子和家长一起学习一起写作，都很喜欢这个课程。未来期待能帮助更多的孩子提升学习力、写作力，使他们都能成为写作高手和学习高手。

2024年是“弘丹写作”的7周年，在线下大课上分享“弘丹写作”7周年的成长历程时，我忍不住落泪，就像看着自己的孩子一年年成长起来一样百感交集。

樊登老师在《低风险创业》里讲道，“创业就是打造一个生命体”。我创办“弘丹写作”，就是把它当作我的孩子一样。2018年，当大宝还在肚子里时，我就想着创办一个年度社群，陪伴孩子一起成长。如今，孩子6周岁了，而“弘丹写作”也7周年了。

2024年，二宝在肚子里，我又开启了“孩子的创意写作课”，作为送给二宝的礼物。期待未来有更多的孩子陪二宝读书、写作和成长。

家庭的传承，就是这样一代代地传递下去的。

对于35岁之后的人生，我期待自己除了做好读书写作博主，也能成为一个育儿博主，把自己的事业和孩子的教育紧密相连。

教育不是灌输，而是点燃火焰，激发孩子内心的好奇心和热情。孩子的成长，也是父母不断学习和自我提升的过程。**陪伴是最长情的告白，让我们一起陪伴孩子终身学习，活出人生无限的可能性。**

余愉

心力能量助孩子终身成长

正面管教讲师
心理咨询师
升学留学规划师

陪伴孩子成长是一辈子的功课，我们要用心，更要用爱去浇灌。但是陪伴不仅是时间的累积，更是心灵的滋养，心力的培养！这也是送给孩子人生的一份美好的礼物。

从事教育行业16年来，我和家长一起见证了孩子的成长，感慨良多。每一个孩子都是独一无二的，助力孩子终身成长，父母们需要拥有更科学的方法。因为孩子的成长是不可逆的，所以，我持续开展家庭教育相关的活动。不知不觉开展了500多场讲座，60多期的家长系统培训。最开心的就是听到家长们反馈："余老师，我感觉培养孩子没那么难了！""余老师，我对我孩子的升学焦虑减少很多了！""余老师，我的孩子能重新投入学习中了，对生活充满希望！"

01. 心力能量——内在的灯塔

心力能量，简而言之，就是指个体内在的心理力量与韧性，对于孩子的成长而言，心力能量的重要性不言而喻。它不仅是孩子面对挑战与困难时的精神支柱，更是他们持续学习、探索未知世界的内在动力。

张同学一直以来都是班级里名列前茅的学生，新学期伊始，他满怀信心地踏入校门。然而，随着课程的深入，他发现自己遇到了前所未有的挑战——学习难度骤然加大，尤其是数学和物理这两个科目，学习内容仿佛一夜之间变得晦涩难懂。他努力想要跟上节奏，但测验的成绩却一次比一次糟糕，这让他感到前所未有的挫败和迷茫。面对这样的变化，他的父母焦急万分，于是开始频繁地询问他的学习情况："你以前不是挺厉害的吗？为什么会退步这么多啊？"

这样的氛围让张同学感到更加压抑和沮丧，他觉得自己仿佛被无尽的黑暗所包裹，内心的力量一点点被消磨殆尽，每次上课的时候，脑海里仿佛有各种质疑的声音。他的内心时刻进行着激烈的思想内耗：我真的能跟上课程吗？为什么我就考不好呢？……他一度产生了厌学的情绪，想要彻底放弃学习。

在给他咨询的过程中，我耐心地倾听了他的困扰和心声，梳理了他的情绪，重新帮助他建立积极的自我认知，找出卡点，一点一点突破，他的心力慢慢回升了。同时，我与他的父母进行了深入沟通，让他们意识到自己的担忧和指责会给孩子带来负面影响。他的父母还系统参加了我的"正面管教"的家长工作坊，学会了以共情和理解的方式与孩子交流，站在孩子的角度去感受他的压力和困惑，从而给予他更多的鼓励和支持。

孩子逐渐感受到来自家庭和社会的温暖与力量，开始重新找回学习的乐趣和动力，不再将暂时的失败视为终点，而是将其视为成长的垫脚石。孩子制订了合理的学习计划，并一步步克服了学习上的困难。他的成绩虽然起初并没有获得显著提升，但随着时间的推移，他逐渐找回了自信，并在期末考试中取得了令人瞩目的进步。

有时候，面对学习上的挫折和困难时，我们需要的不仅仅是知识和技能的提升，更重要的是心力的培养和提升。心力如同内在的灯塔，能指引孩子更加坚定地前行。只有当我们拥有足够的内心力量时，才能够勇敢地面对挑战、克服困难并最终实现自我超越。

02. 心力能量——成长的加速器

心力能量，就如同孩子成长道路上的加速器，它赋予孩子们面对挑战的勇气、坚持不懈的毅力以及超越自我的动力。在孩子的成长过程中，正面管教工具如同精密的导航仪，引导孩子们以积极、健康的方式发展心力能量，从而加速他们的成长步伐。

记得前段时间，一位焦虑的家长找到我："余老师，我真的不知该怎么办了！我的孩子学习状态特别差，怎么骂也没用。期末了，成绩肯定一塌糊涂！"

面对孩子学习消极，没信心，不愿意用心学的状况，家长肯定很着急，可如果只是火冒三丈地用指责、批评、埋怨的方式给孩子施加压力，孩子可能会很愧疚，也可能会很难过。然而孩子内心更多的是无力感，认为自己学不好，于是就不想学……在纠结、彷徨、烦恼、委屈、愤怒、生气等负面情绪的影响下，孩子如何才能从低谷中爬起来呢？

其实家长能做的事情有很多。

家长可以真诚地倾听孩子的心声，然后用启发式语言引导孩子。如“孩子，你觉得现在的情况是怎样的？你有什么想法吗？我们一起想想办法吧。”因为孩子内心深处有一个隐藏的声音，那就是“不要放弃我”。家长可以给孩子赋能，让孩子感觉自己没有被放弃。如“孩子，我很理解你的感受！我相信你！一定有办法的，我们一起来想办法！”孩子也许只是在学习这件事上做得不够好，不是人不好，要把人和事分开。

用描述事实的方式鼓励孩子，用描述事实的方式，构建孩子的内心力量。心力的提升会让孩子的状态更稳定。

孩子的进步即使小，也要及时肯定。要用爱陪伴孩子走过低谷期，家长是孩子的战友。

当孩子感到挫败或沮丧时，首先要给予孩子情感上的支持和理解，让他们知道他们的感受是被看见和尊重的。暖起来的心，还有燃起来的希望。然后积极引导孩子从失败中学习，鼓励他们看到挑战背后的成长机会。

当孩子表现出不良行为时，保持冷静，避免情绪化的反应。用平和的语气与孩子沟通，了解他们行为背后的原因，引导孩子关注如何解决问题。

当孩子需要面对挑战时，鼓励孩子勇敢地面对挑战，即使失败了也要给予肯定和支持。例如，可以说："我知道这个挑战很难，但我相信你有能力克服它。即使失败了也没关系，我们可以一起找出原因并再次尝试克服。"

孩子成长的每一个时刻，都可以是孩子心力成长的时刻，心力能量就是孩子成长的加速器。

03. 心力能量——减压赋能

现在很多孩子学业压力大，特别是面临升学的孩子。此时，心力能量就尤为重要。

减压：心灵的绿洲

在升学的征途上，孩子们往往背负着沉重的压力，内心没有力量感。这份压力既来自对未知的恐惧，也源自家庭和社会的期望。我们的首要任务是成为孩子心灵的守护者，为他们创造一个减压的绿洲。

首先，我们需要倾听孩子的心声，理解他们内心的挣扎与不安。每个孩子都是独一无二的，他们的感受和需求同样值得被尊重和关注。通过耐心倾听，我们能够更好地把握孩子的情绪变化，及时给予他们支持和安慰。

积极情绪的支持是减压的关键。家长可以鼓励孩子表达自己的情绪，无论孩子的情绪是喜悦还是悲伤，都应得到家长的理解和接纳。同时，家长可以通过积极的言语和行动，向孩子传递信心和勇气，让他们感受到家庭的温暖和力量。

除了学业，鼓励孩子发展兴趣爱好也是减压的重要方式。兴趣爱好能够让孩子在紧张的学习之余找到放松和愉悦的途径，同时也能够培养他们的特长和个性。一个全面发展的孩子，在升学之路上会更加从容和自信。

赋能：明确目标，点亮心灯

在减压的同时，我们还需要帮助孩子明确目标，就像点亮孩子的心灯，指引他们前进的方向，让孩子的能量满满。

其实，升学并非只有高考一条路可走。随着全球化的深入，越来越多的孩子开始关注国外留学的机会。家长也可以引导孩子了解国内外不同的升学途径和优势，帮助孩子根据自己的兴趣和能力做出选择。无论是国内的重点大学还是国外的知名学府，只要适合孩子的就是最好的。

明确目标后，接下来是制订合理的规划。家长可以与孩子一起探讨升学所需的各项准备，包括学习成绩、语言能力、综合素质等方面。通过制订详细的学习计划和时间表，帮助孩子有条不紊地推进各项准备工作。

在升学过程中，孩子可能会遇到各种困难和挫折。此时，家长的激励和支持尤为重要。我们应该及时发现孩子的进步和闪光点，给予肯定和表扬。同时，也要在孩子遇到挫折时给予鼓励和支持，帮助他们重拾信心，继续前行。

随着教育国际化的趋势日益明显，国内外多渠道的升学方式为孩子提供了更加广阔的选择空间。让孩子心里更笃定想走哪条路，这种力量感会让孩子成长之路更夯实。

总之，在陪伴孩子终身学习的道路上，通过减压让孩子的心灵得到滋养和成长；通过明确目标为孩子指明前进的方向；通过国内外多渠道的升学方式，为孩子提供广阔的选择空间。心中有力量，前行有方法，背后有支持。让我们携手并进，为孩子的未来铺就一条充满希望和可能性的道路！

教育的本质是点燃火焰，而非灌满瓶子。在陪伴孩子的过程中，激发孩子对学习和生活的热情，提升心力能量，帮助孩子成为更好的自己吧！

青檬

你的精彩，决定孩子的人生色彩

高级儿童阅读指导师
高级家庭教育指导师
儿童阅读推广人

“你问我出生前在做什么？我答，我在天上挑妈妈。看见你了，觉得你特别好。想做你的孩子，又觉得自己可能没那个运气。没想到，第二天一早，我已经在你肚子里了。”每每读到这首三年级小朋友朱尔的小诗《挑妈妈》，我内心深处总会泛起一种最质朴、最纯真的感动。

我们常说，孩子是上苍给我们的最好的礼物。在我们满心欢喜的期待中，他会应承我们今生最美好的邀约，天使般降临在我们身边。从那一刻起，他便给予我们无条件的信任，那澄澈的眼眸中闪烁的光芒，仿佛在告诉我们，我们就是他的整个世界；他给予我们无条件的关爱，一个纯真的笑容、一个温暖的拥抱，都能让我们的心瞬间融化；他给予我们无条件的依赖，无论是遇到开心的事情还是小小的挫折，他们第一个想到的永远是我们。

而我们，又该如何回应这份珍贵的馈赠呢？**我们不能仅仅沉浸在孩子带来的喜悦中，还要肩负起为人父母的责任，努力为孩子创造一个充满爱与温暖的成长环境，更要不断提升自己，与孩子携手共进，陪伴他们终身成长。**

01. 以书为伴，给孩子最好的示范

作为一名儿童阅读指导师，我常常被问到“如何培养孩子的阅读习惯”“如何让孩子喜欢读书”这些问题。除了一些阅读指导的专业方法和技巧之外，我始终认为：**父母自己常常以书为伴，就是给孩子最好的示范**。

我的家乡在浙江宁波。宁波是一座美丽的海滨城市，城市的形象主题语是“书藏古今，港通天下”。“港通天下”，是因为这里有世界第一大港宁波舟山港；“书藏古今”，是因为这里有全国最古老的私家藏书楼——天一阁。天一阁为明代嘉靖年间兵部右侍郎范钦所建，位于宁波城西月湖之畔芙蓉洲。除了丰富的古籍，天一阁还收藏了大量的古画、碑帖等文物，是我国十大历史文化名楼之一。相传，范钦一生酷爱读书，更喜藏书。临终前，他为了将自己毕生的藏书世代流传，将遗产分为两份，一份是万两白银，一份是万卷藏书。长子范大冲毅然放弃万贯家财，继承了天一阁这笔珍贵的文化宝藏，接力传承了十三代。范钦倾尽一生保护藏书、修建天一阁的故事始终深深触动着我，范氏家族世代子孙坚守“代不分书，书不出阁”这一精神传统更是深深震撼着我。现在都说，**最好的学区房，就是家里的书房；最好的风水，就是满屋书香。浓郁的书香氛围，是培养孩子良好学习习惯**

和精神品质潜滋暗长必不可少的环境要素。

我的父母都是爱书之人。从有记忆开始，家中的书架就摆满了琳琅满目的书籍杂志。印象中，父亲总是斜靠在木沙发的左侧，拿着一册孙过庭的《书谱》，聚精会神地读帖，常常一坐就是大半天；母亲则伏在餐桌前，挑选出印刷精美的硬质广告单页，仔细地为每一本书包上封皮。年幼的我，还无法读懂这些书，却也常常在书柜里翻找，小心翼翼地取下来。偶尔翻开一本，那跌宕起伏的故事，那栩栩如生的插图，那性格迥异的人物，无一不深深吸引着我。最让我喜爱的是那本人民文学出版社1993年版的《红楼梦》。泛黄的书页上，父亲用漂亮的行书写满了密密麻麻的批注。从小到大，父亲从未对我说过一句诸如“好好读书”“用心阅读”的话，但那些深红色的笔记一直都深深地印在我的脑海里，诠释了什么叫作“不动笔墨不读书”。

记得刚步入一年级时，我的父母为我准备了一份入学礼——他们没有给我添加漂亮的衣服，也没有给我采购丰富的文具，而是特意带我去了一次图书馆，郑重其事地用我的名字办了一张我的“专属”借书证，并示范如何借书、还书。从那以后，我常常独自一人走两三公里的路程，来到图书馆的书海中，尽情挑选喜欢的图书借回家阅读。

就这样，在父母的示范下，我学会了读书、爱书、惜书。我深知，**父母给予我的这份对书籍的热爱，将会伴随我一生。而我也会像他们一样，将这份热爱传递给下一代，让他们也在书籍的**

海洋中茁壮成长。

02. 行万里路，与孩子共创精彩

我们常说，读万卷书，行万里之路。现在的父母总是竭尽所能，给孩子提供最好的物质条件，也让孩子拥有更丰富的精神世界，见识更广阔的天地。每逢节假日，我们总会抽出时间带孩子到处走一走，看一看，留下一些难忘的回忆。

在我的童年时代，父母带我出门旅游的次数屈指可数，唯一的一次，也是父亲拜访著名连环画大师贺友直老先生时，顺便带我去游了一次上海。那是我第一次踏入上海这样繁华的大都市。在上海，我们登上东方明珠俯瞰黄浦江，看到了滔滔江水奔腾而去的壮阔景象；我们走进上海科技馆体验科学的奥秘，那令人惊叹的科技展示仿佛使人置身于未来世界；我们晚饭后漫步在老上海旧小巷，感受那独特的历史韵味。虽然在上海的所见所闻都给那时的我留下了深刻的印象，但最令我难忘的却是那次见到贺友直先生。

贺友直先生是我国连环画界泰斗，杰出的线描大师，创作过《朝阳沟》《小二黑结婚》《山乡巨变》等艺术杰作。年幼的我，原本期待不已，像这样著名的画家定是功成名就，在精美典雅的画室里作画。然而，当我跟着爸爸来到贺友直先生家门口时，我不禁十分疑惑，一度以为我们走错了——灰暗破旧的楼房，年久失修的过道，每走一步都会“嘎吱”作响的木质楼梯……赫赫有名的画家竟然住在这样一栋不起眼的房子里。家里的陈设更是简单朴素，没有名牌家具，没有宽敞明亮的客厅，更没有布置精巧的画室，有的只是一张看上去有些年头的木头书桌和一个老式落地旧风扇，满屋书画堆砌出一种特别的豪华感。多年以后我才明白，真正的高堂华屋，不能没有书卷气。贺友直先生就乐呵呵地坐在藤椅上，亲切地接待了我们。他的窗台上正好摆放了一张漫画自画像，跟他本人一样，是那么和蔼，那么随和。

回想起来，这次旅程给我带来了巨大的影响，在我的心中种下了一颗有关“人生价值”的种子：**一个人的价值和成就并不取决于他所拥有的物质财富，而是他内心的丰富和对自己所热爱事业的坚持**。虽然爸爸没有带我去过多少地方，但他却在用心给我难得的旅途赋予特殊的意义。许渊冲老先生曾说：“**生命并不是你活了多少日子，而是你记住了多少日子。**”同样，旅行不是我们去过了多少地方，而是记住了多少细节。我常常思考，轻松快乐的旅行固然必不可少，但如果我们赋予亲子旅行一些特别的意义，会给孩子留下更珍贵的记忆。

今年夏天，我到敦煌参加了千人戈壁亲子徒步。42公里的漫漫戈壁之路，原本我以为父母们需要不断地鼓励孩子，时刻照顾孩子，克服重重困难才能走到终点。然而，今年的亲子徒步却让我非常意外——孩子们先出发，独立前行；父母们随后追赶。孩子们结伴而行，甚至越走越快。有的父母一直追到终点，都没有跟上孩子的脚步。炎炎烈日之下，茫茫戈壁之中，孩子们体谅到父母的辛苦，学会了朝着目标坚定向前；父母们察觉到孩子的勇敢自立，学会了相信孩子并慢慢放手。**在这样特殊的旅程中，父母不再是引领者，孩子也不再是被照顾者，他们互为同行的旅伴，互相激励，迎接挑战，携手前进。**

03. 终身学习，做孩子最棒的榜样

我有一个朋友，他原本只是一名汽车生产流水线工人，每天如同《摩登时代》中那位男主人公一样，一天到晚机械式地重复着同样的工作——没有理想，没有目标，看不到未来。直到妻子怀孕，他突然意识到自己即将成为一位爸爸。可是他该让自己成为一位怎样的爸爸呢？他该让自己在孩子心目中树立怎样的形象呢？从那一刻起，他决心改变自己，改变停滞不前的状态。他开始学习阅读，学习写作，学习演讲，结识各领域的专业人士，让自己不断学习，不断变得优秀，不断朝着心目中那个榜样爸爸而努力。父爱的力量是伟大的，他通过再学习，终于从一名普通工人蜕变成为演讲教练和自媒体教育博主，成为孩子心中的骄傲。

我一直非常赞同现在流行的一句“鸡娃不如鸡自己”。身为一名老师，我见过太多父母花费时间、精力、金钱在孩子的培养

上，拼命“鸡娃”结果却收效甚微；作为一位终身学习践行者，我也见证过不少“鸡娃”失败的父母变换“赛道”，通过自己坚持学习，不断精进，给孩子树立了榜样，最终改善了亲子关系，也激发了孩子学习的内驱力。

父母对孩子的影响，永远是最深远的。孩子或许可能会被读到的哪本书所激励，或许可能会被听到的哪个故事所震撼，或许可能会被遇到的某位老师或贵人所影响，但这些都抵不过父母的言行举止对他们的潜移默化。例如，“敦煌的女儿”常沙娜就是在“敦煌守护者”父亲常书鸿的影响下，放弃国外的优渥条件，毅然回国投身敦煌艺术事业的。

你期待孩子成为什么样的人，自己就得先朝着那个方向努力。只有先成为最好的自己，才能给孩子树立最好的榜样。在教育的漫漫长路上，我们应当始终铭记这一真理。当父母们开始专注于自身的成长与提升时，奇妙的变化便会悄然发生。

读万卷书，行万里路，终身学习，终身成长。当我们坚持学习，不断提升自己，用言行去做孩子的榜样，我们才能不辜负孩子对我们的信任和依赖，成为他们人生道路上的明亮灯塔，指引他们前行的方向。只有这样，我们才能与孩子携手共进，成就更精彩的自己，并陪伴他们更好地茁壮成长。

柯美彤

孩子是父母的“镜子”，最好的教育就是“言传身教”

从事教育工作20年，培训过3000多名学员
中国民建委员，中国青联市级常委
旭阳教育创始人，美彤读书会创始人
“全国好青年”代表，“吉林省好青年”
心理咨询师，家庭教育指导师

你们敢相信，一个四十不惑的年纪，还未婚未育的女人，已经做了20年的老师，还被3000多位学生和家长喜欢吗？你们想知道，一个被孩子们爱称为“贾玲老师”的老师，是如何让学生们爱上读书的吗？

我始终认为，每一个孩子都是一个善良可爱的天使，都是上天恩赐给我们珍贵的礼物。因为孩子的到来，才让我们有机会照到镜子，在生活中去参与和陪伴一个生命的成长……

01. 创造良好的学习环境是成长的起点

古有“孟母三迁”，今有“学区房”，是什么原因让这么多父母大费周章、倾尽所能去选择学习和生活的居住地？是这些父母清楚地知道人是环境的产物，环境能影响人。从古至今，帝王将相、古圣先贤、名人事迹，都是人在迷茫的时候，帮助人逐渐去寻找和发现自我、明确未来方向的榜样。

曾经的我是一个只知道低头赶路，不知道抬头赏景的人。赚钱养家就是唯一的目标，但那个时候的自己并不快乐。性格急，脾气躁，看问题永远都是别人的错，负能量爆表。好在我是个比较爱学习的人，在一次读书会上，认识了我的人生导师——吴宝江老师。他是一个智者，看到我善良、有责任感、讲义气、好学，也同样看见我在原生家庭影响下，展现出来的以自我为中心、缺爱、爱指责和爱抱怨。

于是老师带着我们几个学生互相陪伴，一起读书。我起初是真读不进去，心里像长了草一样，处于抓心挠肝的崩溃状态。老师并没有因此责怪我，而是像慈爱的父亲一样，耐心地带我们一句句“研磨”经典，让我们互相讨论并分享实践运用到自己生活中的例子。我逐渐觉得读书不再是一件和我无关，让我很煎熬的事情，我会很期待和小伙伴在一起学习的时光，而且我在读书中找到了乐趣。

安静、温暖、和谐、开放的学习氛围，使每个人都能从他人的分享中照见自己的不足。从那一刻起，我知道了良好的学习环境的重要性。所以，想要孩子热爱学习，就要带他们多去图书馆、书店、读书会这样的场所。并且在家里也要创造一个有书香气的、开放式的、舒服的阅读区，可起名“读书角”。还可以在家里的任何角落随意地摆放书籍，让孩子感觉书和知识无处不在，触手可及。不一定哪一刻，哪一本书就会燃起孩子的阅读之火。而作为家长，回家要放下手机，亲子共读，陪孩子探讨书里的角色、性格特点和内容，与孩子碰撞知识的火花，这样孩子很难不对学习产生兴趣。

我能取得今天的小小成果，也是得益于我的恩师。后来，我也紧紧跟随老师的步伐，创办了“美彤公益读书会”，来帮助更多的家庭、父母和孩子，营造“书香家庭”，培养渊博、坦荡、快乐的青少年。

02. 每个孩子都有自己的天赋和花期

当孩子还未成年时，父母的认知就是孩子们认知的天花板。当我们不爱读书时，我们周围人的认知，就是我们认知的天花板。所以很多不爱学习的父母，犯的一个最致命的错误，就是忽略孩子本身的天赋和兴趣，把自己童年未实现的事情，强加给孩子，潜意识里想让孩子替自己去实现。

比如，父母小时候没学钢琴，羡慕别人有条件去弹钢琴，就逼迫自己的孩子学，甚至每天至少要让孩子花费一个小时练琴，但孩子不爱学钢琴。可以说，孩子从学习钢琴的那一刻开始，他的生命中几乎每天都要失去一个小时的时间，去做自己不感兴趣且不快乐的事情。如果孩子没有这方面的天赋，或者孩子不喜欢，那么他不会在这方面有造诣。就像《论语》中讲的“知之者不如好之者，好之者不如乐之者”。

懂得这个道理之后，我的教学方法也发生了重大改变，从固化、单一、教条，发展到多角度、多维度、多元化的启发式教学。我不再完全用成绩或者背诵知识的数量来评定学生的好坏，尝试用眼睛发现美，寻找每一个孩子的闪光点。终于，我看到了不同的“新世界”。有的孩子不善于口头表达，但是他们落笔条理清晰，逻辑缜密；有的孩子懒得写字，但是他们思维敏捷，口语表达流畅；有的孩子学习非常好，但是性格比较自我，不太爱团结同学，所以总是受到其他同学的孤立排挤；有的同学虽然贪玩不学，但是孝顺父母，尊敬老师，友爱同学。

所以，到底什么是好孩子呢？我们无法用线性思维的标签去诠释每一个孩子。他们都是人间的天使，都有各自的法宝，也有不同的使命，还有自己不同的花期，无论作为老师还是父母，我们唯一能做的，就是陪伴他们，并给予他们充足的时间。

我把挖掘到的读书乐趣学以致用，移植运用到教学中，开设了儿童读书会，让不爱读书、不爱分享、没有自信的学生，开始一点一点地对读书产生兴趣，浸泡在知识的海洋里，最终得以遇见可以承载他们自己的那一叶扁舟。请尊重每一个生命的独立人格，不强给孩子贴固化的标签，更不要为了满足父母自己的遗憾，而让孩子长大成人之后，再次成为遗憾。孩子有自己的人生，他们不应该为父母童年的遗憾埋单。

03. 最好的教育是“言传身教”

“己所不欲，勿施于人。”很多父母明白这个道理，却在家庭教育中无法做到。这些家长急切且强硬地让孩子进行各种学习，想让孩子360°全方位地学好文化课、艺术课和体能课等，但自己却没有做到360°全方位地成长。

父母就是孩子的第一任老师，孩子也是父母的镜子。我们想复制出什么样的下一代，首先我们就得是什么样的模板。我的老师经常说：“持续产生能量，持续产生结果。”我认同这个说法，我也教给我的学生要持续养成好的学习习惯，读书习惯。但实际上最初的我，并没有做到持续学习成长。大多数人都是当一天和尚撞一天钟，在工作岗位上几十年如一日，从未深耕过自己的专业。

当我做了几年公益读书会后，因为我是创办人，所以要承担责任，必须坚持让自己雷打不动、风雨无阻地在每天早上5：30—6：30坐在腾讯会议室里陪大家晨读。真的应了老师说的那句话：“谁承担，谁成长。”我终于克服了自己不持续读书的困难。在给孩子们开读书会的时候，我就会分享自己的心路历程。带孩子们看我书架上的几千本书，给孩子们展示我五颜六色、密密麻麻的读书笔记。

后来，孩子们真的有样学样，回家买了《山海经》《西游记》《小史记》开始读了起来，还有很多学生开始读书打卡，甚至到书房兴奋地跟我分享书里面的角色，而我也会和他们一起用不同的角度去解读一下人物的多面性。孩子有了变化，丰富了很多知识，回家和父母分享的时候，家长发现自己读的书和了解的知识面，都不如自己的孩子多，一部分家长也参与到读书活动中来，向我咨询应该读点什么类型的书。

这一刻我真的蛮有成就感的，我想这就是我想做的事业，通过自身不断地学习成长，引领学生们去向更高远、更广阔的美好世界，也同时带动家长成为更好的父母，共同陪伴孩子终身学习！

04. 提一盏心灯，愿行天下

2024年，感恩遇见了弘丹老师，和她学习了写作，并荣幸地和弘丹老师一起出了两本合集书——《行动的勇气》和《陪孩子终身学习》。这就是言传身教、终身学习的结果。

从2025年开始，我将要步入下一个征程，融入互联网，打造个人IP，用生命影响生命，用生命陪伴生命。我希望用我自身实践过的方法，引领、帮助、陪伴一万个家庭，打造“书香家庭”。期待各位父母，加入读书的阵营，让我们共同陪孩子终身学习！

夏秀文

和孩子一起成长，是最轻松快乐的育儿法则

产品经理人

鼓励式育儿践行者，连续给孩子手写鼓励贴2年

初秋的清晨，我安静地坐在电脑前敲打文字，8月末天气虽然炎热，但清晨带来些许凉意，内心也有了久违的平静。敲打这段文字的时候，时光好像一下子穿梭到5年前。

2019年的初夏，那时候刚刚知道腹中有了一个小生命，从那个夏天开始，我便和她一起走上成长的道路。因为在得知怀孕的第二个月，我做了一个重大的决定——决心开始备战考研。当时的原因很简单，先生在外地工作，下班后我也有大把的时间去支配，学习是最好的防止“一孕傻三年”的办法。考研集合了数学逻辑、英语等科目的学习，这些科目可以让我的思维在备考期间保持敏捷。在这种单纯的想法支持下，我开始了和她共同的成长。

如今写起来依然很激动，原来我的胎教不仅仅是轻音乐和睡前故事，还有我在很多清晨和深夜写过的很多难解的高数题、晦涩陌生的逻辑推理，和丢了很多年的英语阅读理解、完形填空。

如今4岁半的女儿小脑袋里每天有很多的问题，对世界充满好奇，求知欲旺盛的原因除了来自孩子的天性，还与这几年一起探索更大世界的妈妈有着莫大的关系。

曾几何时，我会想象有一天将这几年养育女儿的一个个小故事结集成册，可以被更多人看见，让他们看到一个普通新手妈妈是如何通过养育女儿来实现人生逆袭的。教育最核心的是和孩子共同成长，做孩子的榜样。

01. 漫漫考研路，是成长的开始

故事还是要从2019年的夏天开始写起，从酷暑到寒冬，经历了5个多月的备考，我的知识储备一天天丰富起来，宝宝也在肚子里疯狂生长。我克服了孕期种种不适，享受着一个人安静又孤独的清晨和夜晚。

2019年12月底，怀孕近7个月的我走进考场。那天天空还零星飘着雪花，路面湿滑，老师和同学们都非常关照我，一路搀扶我走进教室。一整天的考试，现在回想起来仿佛就在昨天。考完最后一门英语走出考场的那一刻，我如释重负，这段经历也让我有了成长。

女儿出生一个月后的下午，查到考研成绩，我因三分之差而落榜。内心的情绪很复杂，不失落和茫然是假的，眼泪止不住地流了下来。最终在先生的鼓励下，我决心收拾起各类复习资料，开启第二次备考。其实这次备考挑战的难度比第一次更大，安静备考的时光，只能是孩子还没起床，或者晚上孩子熟睡后。努力备考的我度过了一个个清晨和黑夜，又经历了酷夏和严寒，在孩子9个多月的时候，我走进考场。那又是一个寒冬，上午场考完，中午家人带着孩子到考场门口等待哺乳。我们开玩笑，别人家都是妈妈在考场外等孩子，我们家是孩子在考场外等妈妈。

幸运的是，这回我如愿以偿地考上了中国科学技术大学工商管理硕士研究生。拿录取通知书的那天，我是带着女儿一起去的，这张沉甸甸的通知书，大半的功劳来源于女儿。

这一次的成长蜕变，不仅仅是因为拿到一张研究生录取通知书，更因为我开始知道，妈妈作为榜样对孩子有多重要。从女儿会爬开始，她每天醒来看到的场景都是妈妈坐在桌前安静地学习。我想这对一个孩子而言，是一个无比宝贵的画面。

02. 从新手妈妈到专业育儿，是成长的飞跃

从孕期开始，我就学习专业育儿知识，涉及母乳喂养、抚触等多个方面。因为提前储备了这些专业知识，女儿出生后我就知道如何和她互动，孕期的情绪如何去调节，因此我多次被医院邀请去和孕期的准妈妈们分享心得。最幸福的是，女儿吃母乳到两岁三个月，我享受了比常人更多的亲密时光。

随着女儿一点点长大，我不再满足学习基本生理养育知识，我开始关注孩子的心理发展。专业的育儿书籍和专业的育儿课程，不仅让我在养育这条道路上更加轻松，也更加自信。我清晰地知道孩子每个阶段发展的规律现象，每一次哭闹要如何处理，当然我也更加清晰地知道，作为一个妈妈做好自己是对孩子最好

的教育。

这几年真的很忙碌，周末的时光几乎是在校园上课，平日里的工作也很繁忙。除此之外，还要陪伴孩子充电学习。几乎没有任何娱乐时光，追剧和刷手机就更少了。

这一次，功夫真的没有负我这个在养育上精心行事的妈妈。4岁多的女儿喜欢阅读，喜欢运动，会表达。4年多的睡前绘本故事和户外运动，对孩子的影响潜移默化，养育出“别人家的孩子”。

这几年精心养育女儿，收获最大的不仅仅是女儿，更是我自己。因为养育女儿，我走上了学习之旅、阅读之旅，并爱上了运动。

如果我们期待孩子是什么样的人，最简单的方式就是自己先成为这样的人。我希望她拥有健美的体魄，拥有一颗恒心，拥有乐观善良的品质，所以我就身体力行做给她看。2024年5月，我决定开始跑步，当时计划是5月跑50公里，6月跑60公里，以此类推，最终达到每个月都能跑100公里的目标。开始的时候，我跑一公里都气喘吁吁，到8月，我已能累计坚持跑了82公里，女儿也可以绕着操场跑上四五圈。看着她小小的人儿在盛夏的夜晚奔跑的样子，我感觉真的很酷。

03. 从热爱到使命，是成长的礼物

今年是我当妈妈的第五年，我充分体会到只要有理论和科学的方法作为教育基石，作为父母的我们，真的只需要做好自己就可以很轻松快乐地育儿。四年多的实践让我不仅仅收获了天使般的女儿，更收获了精彩的人生。

对于儿童教育我也逐渐从喜欢到热爱，再到满满的使命感。我把自己对育儿的思考和女儿一件件成长的小事写成文字分享在朋友圈，吸引了很多和我一样关注孩子成长的父母。孩子越来越大，对于家长来说，可以引导的方面其实越来越少，他们探索这个世界所获得的知识不单一来源于父母。我们能做的就是尊重孩子生命成长的轨迹，运用科学的方法去影响孩子，最重要的是做好我们自己。

有一次一位朋友说，因为看到我分享如何给孩子写鼓励帖，她也开始给孩子写起鼓励帖。她的青春期的女儿，之前每天放学回家都将自己锁在房间，现在慢慢愿意和妈妈一起并肩下楼散步了。她女儿不仅是打开了房门，还打开了自己的心门。一张小小的便签，写上的是对孩子的鼓励和爱，还有自己对于周遭一切积极正向的态度。

四年多的积淀与成长，已经可以带领更多的父母学习家庭教育和育儿方法，从一开始的热爱到如今满怀使命奔跑在更加广阔的道路上。

写下这篇文字的今天，恰巧是女儿幼儿园中班开学的日子，我按照惯例在校门口拍下一张照片。看着她背着小书包走在长长的走廊里，突然内心无限感慨，我们母女一场，我真的是看着她小小的背影渐渐长大，再渐行渐远。在这段人生的旅行中，能够陪着她一起成长，看着她成长的同时自己也能不断晋级，这是多么幸福有意义的事情啊！

回想起四年前，我还在因为职场和养育之间如何平衡而在无数个夜晚纠结、失眠、辗转反侧，如今我已经可以很好地处理家庭养育和繁忙的工作。我不仅能陪伴孩子，看到孩子的天真烂漫，还能将职场当成人生的修道场。

未来，我会带着热爱和使命，见证孩子每一天的成长，以及见证不一样的自己在奔赴人生的旅途中，绽放绚丽多彩的生命。

余小秋

陪伴孩子在风雨中成长

高级家庭教育指导师/咨询师
绘画投射心理分析师/咨询师
中小学高级教师，教学一线深耕30余年

“父母之爱子，则为之计深远。”这句话道出了无数父母的心声。作为父母，我们不仅是在养育一个生命，更是在参与一个生命的成长。我们总是渴望将自己认为的最好给予我们的孩子。从他呱呱坠地的那一刻起，我们就计划着为他铺设一条通往成功与幸福的道路，满心以为自己会是他成长路上的指南针。

然而，生活往往有着它不可预测的轨迹，我们无法完全控制它。在孩子的成长过程中，每一个阶段不仅考验着孩子，也考验着我们作为父母的耐心与智慧。通过陪伴儿子的学习之旅，我深刻体会到，“教育不是填满一桶水，而是点燃一把火。”

01. 种子发芽：早期教育和挑战

从儿子出生的那一刻起，我的生活便被赋予了全新的意义与责任。孩子年迈的爷爷奶奶已无力承担起日常照料孩子的重担，这让我深感生活的重压。我们家庭的经济条件不允许我辞去工作，而全职保姆对于我们来说更是一笔不小的开销。因此，我只能选择偶尔请钟点工来帮忙照看孩子。这样，我开始了一边工作一边照顾孩子的忙碌生活。虽然钟点工提供了一些帮助，但往往难以完全达到我们的期望，这使得我在工作和照顾孩子之间取得平衡变得愈发困难。

儿子姑妈见我们在带娃和工作间实在难以平衡，于是便和我商讨，希望我们两家能够互相支持。由于她的儿子正值初中，处于青春叛逆期，她感到无从下手，因此希望我能够用自己的知识和经验来辅导他。同时，她也愿意帮忙照顾我儿子。在与孩子爸爸商量后，我们决定把儿子送往姑姑家。

到了儿子上幼儿园的年龄，儿子姑姑家的村里没有幼儿园，我正为此发愁时，在市区的外公外婆伸出了援手，我很感激他们，他们成为我家庭支持体系中不可或缺的一部分。每个周五下班后，我都会从乡下来到县城外公外婆家来陪伴儿子，享受我们的临时港湾。然而，周末的离别总是令人心碎。每次周日下午离开时，儿子总是紧紧抱着我的腿，泪眼汪汪地望着我，那撕心裂肺的哭喊声至今仍回响在我的耳边。

就这样过去了两三年，儿子上小学一年级了。有一天中午放学后，儿子一直没有回家，外公外婆到处寻找未果，着实吓得不轻。我接到电话后立马联系班主任和相关的老师，并打车赶往学校开始满世界地寻找。原来，上午最后一节课是体育课，因为在前面的语文课上，儿子有开小差、和同桌说话的情况，语文老师便让儿子从上午第四节课开始就在办公室罚写字，因此没上体育课。直到在办公室找到儿子时，一家人那颗悬着的心如释重负。那时，儿子一个人被关在办公室一边流泪一边写字。当儿子见到我的那一刻，好像见到了救命稻草一般放声大哭。我看见儿子放下铅笔的小手一下子无法伸展，我心疼至极，抚摩着受惊吓的儿子，辛酸的泪水夺眶而出，紧紧地把儿子抱在了怀里。

为了能给儿子一个更好的未来，我下定了决心，在工作之余一定要加倍学习。巧合的是，我通过自身努力，在儿子升小学二年级时，考入儿子就读的当地县级实验小学，儿子也因此成为一名教师子女。儿子读小学二年级，我也教同一个年级，只是和儿子不在同一个班。

在儿子小学二年级的一天，语文老师给学生布置的作业之一是背诵课文。当天晚上，儿子背诵时虽然背得不是很流利，但还是把课文背下来了，我也按照老师的要求在儿子的课本上签下了一个“背”字。

儿子的语文老师十分敬业，在第二天的语文课上，语文老师在课堂上抽查孩子的背诵情况，儿子比较紧张，背诵课文不是很流利。语文老师认定儿子课文背不出来。在检查签字情况时，语文老师发现课本上签的那个“背”字写得不好，又认定是儿子自己签下的。

我和儿子的语文老师在同一间办公室办公。下课后，语文老师对我进行了一顿批评。我立刻前往教室把正在哭泣的儿子带到办公室，尝试向语文老师澄清事实，但语文老师坚持自己的看法，说我和儿子共同说谎欺骗她。儿子的班主任和在场的同事见状，开始安慰儿子。经过安抚，儿子在其他老师的鼓励下，最终顺利地把要求背诵的课文给背出来了。在这过程中，我替儿子感到委屈，在角落里无声落泪。我心中有了一个决定：不如让儿子转到我教的班级。于是，我找学校领导申请，并与班主任进行了沟通，以“儿子不听话、以免拖班级后腿”为由转到我自己任教的班上。

同时，我还从各大书店购买育儿相关的书籍来学习，把学习到的育儿理念进行实践和应用，一路陪伴学生和儿子的学习之路。

02. 亲子共育：陪伴儿子度过高中抑郁时刻

在学业方面，儿子的每一个学段都有着质的飞跃，一家人都为之高兴。然而，随着他步入高中阶段，学业压力也随之增大。这个阶段的孩子往往对自己的期望值很高，而当遇到挫折时他们的心理承受能力却相对较弱。我的儿子也不例外。

儿子上高中时，因为学业压力过大，曾一度出现了抑郁情绪。一天凌晨，我接到儿子的电话，电话那头传来他低沉无助的声音。他说别的同学都那么优秀，自己却学不进去，简直一无是处，自己生无可恋。听到这里，我的心如刀割般疼痛。我知道，这个时候的儿子需要的不仅仅是安慰和鼓励，更需要理解和陪伴。放下电话后，我立刻打车前往儿子的住处，与儿子倾心交流。

接下来的日子里，我尽量多陪伴在儿子身边，和他一起度过这段艰难的时光。我会在他学习累的时候陪他散步、聊天；会在他遇到问题时，耐心地解答；会在他情绪低落时，给他鼓励和拥抱。渐渐地，儿子的情绪开始有了好转，也重新找回了学习的动力和信心。

如今，回想起来那段日子，虽然充满了挑战和艰辛，但也让我们母子之间的关系更加紧密。我深知，作为父母的我们需要在孩子遇到困难时，给予他们足够的支持和理解。而这次经历也让我更加珍惜与儿子相处的每一刻。因为，这些都是我们共同成长的宝贵时光。

03. 不断挑战：努力成为优秀的自己

一路走来，虽然儿子在小学时并不受老师的待见，但我们一家人始终在风雨中陪伴着他共同成长。尽管儿子没有像那些优等生一样考取清华、北大等985、211高校，但他凭借自己的努力成功考入心仪的大学，这已经足以让我们全家人为之骄傲和赞叹。

儿子的独立和坚韧表现在他生活的各个层面。记得大学新生入学报到时，许多学生都有父母陪伴前往，但儿子坚持要自己一个人去。我们作为父母虽然心里满是不舍和担忧，但还是选择尊重他的意愿，放手让他独自迎接新生活的挑战。

为了进一步激励儿子，我鼓励他在大学期间进行合理规划，考虑未来的职业道路。同时，可以尝试参选学生会干部。这样不仅可以锻炼他的社交能力，还能提升自己的管理能力和领导能力。我希望儿子能够在大学这个多元化的环境中不断挑战自我，实现个人价值，成为一个对社会有用的人才。

儿子也没有辜负我们的期望。他不仅成功进入学校学生会最难进入的一个部门，而且还通过了一系列的选拔，最终成为新生辅导员。他在学业上成绩斐然，是班里第一批通过大学英语四、六级考试的人，并且是第一批顺利拿到硕士毕业证和学位证的毕业生。

虽然儿子的第一学历只是一所普通的大学，但他通过不懈的努力，如今已经能够和清华、北大的优秀毕业生站在同一起跑线上成为同事，并且得到了老板的赏识和器重，我们为他感到无比自豪。他用自己的努力证明了：不论起点如何，只要不断努力就能创造出属于自己的辉煌。

如今，回首过往，虽然充满了不易和泪水，但同时也收获了成长与理解。我和儿子共同经历了无数次的挑战和磨砺，这些经历让我们的关系变得更加紧密，也让我深刻体会到作为一个母亲的责任和喜悦。生活充满了艰辛，但其中的每一刻都充满了爱与希望，这份陪伴与坚持成为我最珍贵的财富。

自儿子进入大学后，我开始反思他的学习之路。我意识到：作为父母，需要不断地学习和更新自己的家庭教育知识，以便更好地支持孩子的成长。正是因为自己经历过困难，所以才更希望能为他人提供帮助。于是，我开始利用工作之余，不断地学习家庭教育的相关知识，我分别拿到了高级家庭教育指导师证、家庭教育咨询师证、绘画心理分析师证、绘画心理咨询师证……

这段旅程不仅让我看到了儿子的成长和变化，也让我重新认识了自己。我学会了如何在挑战中保持坚韧，如何在困难中寻找希望。更重要的是我学会了如何成为一个更好的母亲，一个能够陪伴孩子走过风雨的母亲。

当我看到儿子不断挑战自我，成为更优秀的自己时，我感到无比的骄傲和满足。我知道这一切都是我们共同成长的结果，是我们共同努力的证明。这段旅程既充满挑战，也充满了希望，它让我深刻地体会到家庭教育不仅是对孩子的教育，更是家长自我成长和自我实现的旅程。

温暖智慧进哥哥

怀揣爱和智慧，陪伴孩子终身学习

深耕职场31年，专注组织人事与人力资源工作23年
曾任多种刊（报）主编、副主编、编辑及记者，编辑写作文稿超160万字
现致力于企业品牌建设、管理和人才培训

01. 学习——梦想的启明星

学习，犹如一颗璀璨的启明星，照亮孩子前行的道路。

从孩子呱呱坠地那一刻起，他们便踏上了对这个世界的探索之旅。在孩子牙牙学语时，那一个个稚嫩的音符如同春天里的花朵，绽放着生命的活力；在孩子蹒跚学步时，那摇摇晃晃的身影恰似风中的小草，努力地寻找着平衡。

随着年龄的增长，孩子走进校园，如同饥饿的小鸟扑向知识的森林，尽情地汲取着养分。学习不仅为他们带来了丰富的知识，更像一位神奇的魔法师，赋予了他们思维的翅膀、创造的火花和解决问题的能力。

学习并非仅仅局限于校园，而是如同一条奔腾不息的溪流，穿越人生跋涉的整个征程。步入社会后，不论父母还是孩子，依然需要学习，就像鱼儿离不开水一样，用学习来丰富内心，温暖旅程，描绘如歌如画的人生答卷。

02. 父母与孩子——成长的双桨

在学习的海洋中，父母与孩子就像一对有力的双桨，共同推动着成长的小船前行。

父母不仅是孩子成长道路上的守护者，更是他们学习之旅的引路人、相伴者和守梦人。父母的言传身教犹如无声的春雨，滋润着孩子的心灵；孩子就像一棵小树苗，父母的言行举止、价值观和学习态度，如同阳光、雨露和土壤，在潜移默化中影响着他们。

正如樊登在他的《陪孩子终身成长》一书中所说的“你必须成长，才能帮助孩子成长”一样，如果父母热爱学习，积极进取，孩子也会像向日葵追逐太阳一样，向阳而生，养成良好的学习成长习惯。

同时，父母还可以通过与孩子共同学习，分享自己的学习经验和方法，就像探路的向导一样，帮助他们更好地掌握知识和技能。而孩子的成长需求，也会促使父母不断充电和精进。在陪伴孩子学习的过程中，父母必定会遇到各种各样的挑战，认知、智慧和能力需要不断地迭代和升级，才能更好地应对学习和成长中的不确定性。孩子的好奇心和创造力也会像一阵清新的风，触发父母的思维，让他们从孩子身上学会思考，学会沉淀，学会与时俱进。

03. 共学场景——多彩的画卷

为了达成父母与孩子的“共学共进”，我们需要设计一些有趣的场景。我们家每月会召开一次30分钟的聊天会，自由发挥，天马行空，常由孩子先开口，找到一个共同感兴趣的话题就可以，就如一场温馨的心灵之约。在聊天会上，我们就像平等的朋友一样，洗耳恭听孩子在学习生活中的苦恼、问题和取得的点滴喜悦与进步。通过分享、交流和探讨，一起记录下我们家下一步努力改进的内容和方向。通过孩子的共同参与，明确了一家人当前存在的差距，孩子也乐于带着聊出来的问题回到校园，有针对性地帮助她进行学习和提高。

孩子进入高中，我们尽可能顺应她的需求，为她创造力所能及的学习环境。当孩子表示不太想内宿时，我们尊重她的意见，在学校教职工区租下一间小房子，为孩子搭一个温暖的鸟窝，让她安心学习。引导孩子参与阅读和写作可能是一件比较美妙的事情。当我开始写一部名为《郭凯之仗剑走天涯》的武侠小说后，我说，孩子，爸爸对一些人物把握不太准，对一些故事细节写得不够生动，可不可以帮助老爸一起来塑造？孩子感觉挺好玩的，于是同意了我的建议，和我一起修改和打磨那些喜怒哀乐的人物、悲欢离合的故事，一遍遍地修改完善，就像两位雕刻家一样来共同创作一幅幅生命的画卷。在武侠小说这种奇妙而宽广的创作空间里，激发了孩子的想象力，也有效地引导了孩子加强学习的自觉性，拓宽了孩子的知识面，使孩子在阅读中实现了一次次心灵的飞翔，找到了属于自己缤纷的精神世界。

此外，我们仨还约定每年一起去做4件“牵手诗和远方”的事情：每个月共同学唱一首好歌曲；每个月各分享一个有趣的故事；每个季度共读一本金句之书；每一年至少一起去旅游一次。这里面不仅有“看读写讲”的习得，更重要的是每一次的“共同行动”，都会生发出奇妙且向上托举的正向情绪能量，它能让我们由内而外地、沉浸式地、真切地体验到喜悦和幸福无处不在。

04. 困难与坚持——磨砺的磐石

在“共学共进”的道路上，并非一帆风顺，我们也遇到了许多坚如磐石的磨砺和困难。孩子在学习中必定会像遇到空气一样遇到苦恼，想过放弃。比如，在共同创作《郭凯之仗剑走天涯》时，常常会脑子短路，觉得无从下笔，就像走进了迷宫；还有在她主动去学习马术时，第一次面对高大威猛的马匹，心中充满了恐惧，就像面临深渊或高山；在她主动要求向师姐学习雅思时，却感到了难度还真不小，感到难以跨越，一下子思想好像背上了一座大山。此时，我们都会相互打气加油，鼓励她坚持下去。

露易丝·海在她《生命的重建》一书中说过："不要让一时的挫折阻碍前进的步伐。当你受挫时，不要停下来，而是用力跳起来。"我的师兄，第十三届全国少数民族文学创作骏马奖的获得者凡一平，在他获奖的小说《上岭恋人》以及他许多的作品中，深刻地演绎着关于持续和奋斗的人生故事。我们一家人一起反复地阅读和分享故事中的人物，让我们一次次地感动于生命持续和坚强向上的巨大力量，让我们跨过一道道沟坎。

当遇到学习和生活卡点的时候，我们会与孩子坐下来，一起寻找问题产生的原因和解决问题的方法，并进行拆解和倒推，把问题的根源找到，让孩子相信，最困难的时候，就是离成功不远之时。我们坚信只要咬咬牙坚持下去，一切问题终将迎刃而解。

05. 成长与未来——在希望的田野上

"共学共进"给孩子带来了多方面的改变。行为上，孩子更加自律，能主动完成学习任务，养成了良好的学习习惯，就像一只辛勤的小蜜蜂；情绪价值上，孩子感受到了父母的关爱与支持，内心充盈满足，增强了自我价值感，缓解了学习压力，让她感觉犹如沐浴在温暖的阳光下；在学习中，孩子会更主动地去拓宽知识面，提高想象力和创造力，就像茁壮成长的大树，主动地吸收地下的养分。而父母在陪伴孩子学习的过程中，也有了新的体验和认知，更加了解孩子的需求和兴趣，反思我们的教育方式，体会到了陪伴的重要性，真切地感受到“陪伴是一种长情的告白，是孩子成长路上最有力的守望”。

“共学共进”对孩子当下的生活、学习和奋进有着重要的帮助和推动作用。生活方面，孩子逐步学会了与人合作、解决问题、管理时间，有效地提高了生活自理和社交能力。培养兴趣爱好，丰富课余生活，给孩子的学习和生活增添了斑斓的色彩。学习方面，孩子培养了兴趣、掌握了方法、提高了成绩，为学习注入了强大的驱动力。奋进方面，激发了孩子的斗志和勇气，让孩子敢于去追求心中的梦想，学会面对失败和挫折，学会从容和坚强。

在中国古代，苏洵教子注重言传身教，注重培养孩子的独立思考和创造能力，为孩子指引成长方向。在国外，居里夫人不仅自己在科学领域取得巨大成就，还非常注重培养孩子的学习兴趣和科学精神，他们像天宇中的启明星，照亮了孩子前行的道路，让孩子有了行动的勇气和正确的方向。

陪伴孩子终身学习是一个永恒的话题，离不开父母发自心底的真爱和相伴。爱是一切的起点，伴是梦想的拐杖，正如汇成百年的周文强老师在《转念转人生》一书中所传递的：当家长用爱去陪伴孩子，鼓励他们追逐梦想时，就是在表达一种相信和支持的力量，这种力量能够促进家庭成员的共同成长。我们只需要用心播种，用爱浇灌，用智陪伴，静待孩子绽放出绚丽的花朵。

永远有多远？与孩子“共学共进”的路就有多远。未来的路将会很长，在陪伴孩子终身学习的过程中，能取得一定成就的不仅仅是孩子，还有我们父母！

何伊庭

父母的认知，决定孩子的未来

歌手（获得才艺大赛铜奖和歌手大赛优秀奖）
专栏作家（完成一本畅销书合集，两个专栏课，两篇短篇小说）
高级家庭教育指导师

大学毕业后参加工作，走入婚姻，在同龄人眼里，我属于阅历简单的那一撮。但是我的简单中孕育着不同，我在生孩子的道路上，历经了二十二年的磨难。

01. 历经二十二年的磨难，终于有了孩子

在中国传宗接代的文化影响下，人们极为重视孩子。但是随着生活水平的日益提高，各种人造食品的出现，家庭有车量的增加，以及大气污染，致使很多想生孩子的人却生不出孩子。

没去过治疗不孕不育医院和机构的人，是根本不会感同身受的，也不会知道那些生不出孩子的家庭为了生孩子，付出了多少代价：时间、金钱、身心健康、心理创伤，甚至家庭的破碎，以及面对未来的无望和恐惧。

从2007年开始，我辗转于301医院、北医三院、空军总医院，以及北京各种私立医院。为了生孩子，我甚至生平第一次坐倒时差的飞机，去俄罗斯考察。

这期间，我到五星级大酒店，去见泰国给皇家看病的妇科专家。他通过翻译，看了我的病历，当时劝我放弃生自己孩子的念头。

我站在下楼的电梯里，泪水不由自主地流了下来。当时陪我下楼的医护人员把我搀扶到一层大厅的沙发上，我躺在沙发上顿时痛哭起来。我一个人在那里躺了很长时间，只记得我是中午过去的，离开时天已经有些黑了。打车回家的路上，我的心里充满了凄凉。

但是我不想放弃，于是我继续在生孩子的路上不断尝试。

经历了中药、针灸、太空舱、输卵管通水、输卵管碘油造影、人工授精、腹腔镜手术等各种治疗，我终于接受了一个事实：我已经是高龄产妇，我的卵巢功能已经岌岌可危，卵子数量和质量都在不断下降，自然受孕的可能性几乎为零。

医生直接建议我："如果你想要孩子，直接做试管婴儿吧。"

不知道这件事之前，我总以为自己还有时间，正所谓无知者无畏，此时，我才后知后觉，时间不多了。

2015年的冬天，早晨6点多钟，我裹着厚厚的羽绒服，来到一家大型医院的妇科楼，楼外寒风凛冽，我瑟瑟发抖，心情恰似这凄凉的寒冬，楼内人群乌泱乌泱的，我在介绍医生的公告牌上搜索着，看哪位大夫擅长的治疗方向适合我的病情，然后我跟着不断拥入的人流排队，挂这位大夫的门诊。

终于轮到我进诊室了，大夫看了一下我之前在其他医院做的检查，说让我重新做一个B超检查，抽一个血，看一下我的卵泡情况。

等检查结果出来，我拿给大夫看，大夫说："以你这个年纪，目前卵泡情况还算不错。”于是又给我开了6000多元的全套检查单子，包括染色体检查。

一系列检查做完，检查结果出来以后，大夫一页一页看完检查报告，对我说：“你可以用短期方案，每天打四支进口果纳芬，配合一些国产针剂，打促排卵针。”

因为我不敢每天自己给自己打促排卵针，就不辞辛苦地每天往医院跑，让护士给我打针。每天打完针以后，我的头都晕晕的，回家只能躺在沙发上，什么事都干不了。

经过十几天的促排，以及B超检测，终于到了要做取卵手术前的打夜针时间。这个时间是大夫计算好的，为了保证取卵手术顺利进行，怕手术前，卵泡自己排出。

取卵手术的日子终于到了。

我强忍疼痛做了第一次取卵手术。没想到后来这样的取卵手术，我先后做了五次。第三次做手术之前，为了增强自己的身体素质，我甚至打了四次干细胞。也许是岁数大了，手术的过程中，我痛苦难耐。

二十二年的备孕经历，我不仅花费了大量的时间、精力、金钱，承受了身体治疗上的痛苦，同时更要承受精神上能否要到孩子的未知煎熬。

我把我能了解到的方法都尝试遍了，皇天不负有心人，我终于有了自己的孩子。

自己淋过雨，更想给有同样感受的人撑把伞。于是，这段曲折的经历促使我完成了一个有关备孕的专栏——《想要孩子一定有一种方法适合你，医生都不一定知道哦！》。

别人是孩子出生以后陪孩子终身学习，我是在想生孩子前，就开始不断学习，不断提高自己的认知，积极尝试。

02. 初为人母，开动脑筋智慧带娃

孩子出生以后，我中间遇人不淑，坐了五年轮椅。因为之前有过家里换过几任保姆的不好体验，这次自己有孩子了，就一直一个人带孩子，偶尔请小时工过来帮忙收拾一下屋子。

中间带孩子去医院打疫苗，就请代驾开车，从网上的天鹅到家App或者到位App上请护士或者护工帮我推轮椅，陪我带孩子去医院打疫苗。

随着社会的发展、互联网的诞生，各种便民App应运而生。而各大医院也开通了网上预约挂号的便民措施，大家都可以通过微信公众号提前进行网上挂号，这增加了带娃看病的便利性。

百度、抖音上也有很多三甲医院的大夫，可以在网上问诊开药，极大提高了带孩子看病的效率。

孩子刚出生的时候，我没请保姆，身体又不好，不能经常出门，每天在家，经常躺在床上，有时候连做饭的力气都没有，于是我从网上买了很多开袋即食的东西吃。

那时候我一个人带娃，就只能抓核心，比如照顾好孩子的吃和拉。

孩子跟我睡一张床，我从淘宝上买纸尿裤，用从网上买的湿厕纸给他擦屁股，经常给他换纸尿裤，就解决了孩子拉屎、撒尿的问题。其他比如给孩子洗澡、洗衣服等事，我当时因为身体原因，不能经常做，隔一段时间才能做一次，这期间孩子也在慢慢长大。

有一次，我因为低头找吉他工具袋，孩子自己把烧开的水弄翻，手被烫出水泡。当时是傍晚，我出门得提前找人帮我推轮椅，因此那时我没法自己出门，于是我通过微信向之前的同事请教，又上网搜索，看其他宝妈和医务人员是怎么处理这种情况的。然后我按照大家的说法，赶快拿冷水冲洗孩子的手15~20分钟。又听从叮当快药App上医师的建议，购买了药品和绑带。我把平时用的挑黑头的针消毒后，把大泡挑破。28分钟后，药送货上门。我每天给孩子换药，18天以后，孩子手上只有一些红印了。我继续给他涂药，20多天以后，孩子手上的皮肤完全长好了。

我当时真的感觉，一个人从小到大，不知道要经历多少潜在风险，才能长大成人，真的好心疼。

03. 自己带娃，引起职业选择的思考

孩子出生以后我开始思考：从事什么样的工作，既不耽误我自己带娃，又是我自己热爱且擅长的呢？

互联网兴起后，足不出户，就可以知晓天下事，这也为我一边带娃，一边工作学习提供了便利和可能性。自媒体给普通人自主创业提供了平台。于是我开始在网上学习各种各样自己感兴趣的课程，最终根据自己的兴趣爱好，再通过性格和优势测试，将自己定位为歌手和专栏作家。我不仅录制了上百首歌曲，有过一次直播8小时演唱各种风格歌曲的经历，获得了两个奖项，还创作了数百篇（个）自媒体文章和视频，出版了一本畅销书，完成了两个专栏课及两部短篇小说。

时代的发展，加上自己对带娃的思考，促使我转换了职业赛道。

一个人想明白很多事后，再遇到事时就会自己想办法。

带孩子，每个人的想法不同，做法也不同。没有好坏对错，体现的只是不同人的不同价值观、想法和观念。

公司需要办理的事情，我也是通过微信、电话提前跟对方公司联系好，在微信上核实对方的营业执照、身份证等证件信息，确认合同条款，双方谈好合同内容后通过闪送拿合同、盖章，网

上转账。对于需要一起办理的业务，双方提前约好时间，在办理相应业务的机构地点见面，一起办理有关事宜。

我每天通过网络上课学习时，孩子有时候会在旁边睡觉。而我也是每天见缝插针地给孩子喂奶，处理孩子引起的突发事件。

有时候给孩子玩早教机，偶尔听我的手机儿童课，向不同育儿群里的妈妈们和有育儿经验的人学习，请教带孩子的经验。

有时候我带孩子去培训机构上语言和认知课，路上开车的时候，我会听歌，有时候还会跟着唱。到了培训机构，孩子在里面跟老师学习，我在外面等候的时候，就通过网络听唱歌课和写作课的录播或直播回放，我跟孩子同时学习。

一路走来，孩子磕磕碰碰，而我这个当妈的也是跌跌撞撞，摸爬滚打。

孩子目前已经长到两岁零八个月了。每天看着他一点一点长大，我也跟着他一起成长。

自己带娃与工作学习并不冲突，不是非此即彼的，办法都是人想出来的，只要想就能想出办法。

父母是孩子成长过程中最好的引导者。我在观察儿子的同时，也在思考儿子的性格特点，并根据他的性格特点，分析未来他适合从事什么样的工作，从而做到因材施教。

父母的认知，决定孩子的未来。希望大家都能陪孩子终身学习，收获幸福人生！

郑韦唯

走进孩子内心，
陪伴孩子成长

学前教育工作者
乐嘉性格色彩认证讲师

小羔，是我在2024年开学的中班里遇到的一个特别的男孩。

初次见面是在假期班（幼儿园的假期班一般是家中没有人能看护幼儿，所以孩子在假期也上幼儿园），值班几天的时间，他就给我留下深刻印象。

比如，我与他偶然擦肩而过，他会觉得自己被伤害了，随后听见他大吼一声："你碰到我了！"回过身，便看到他站在原地，眉头紧皱，一只手叉着腰，另一只手臂斜举60度，食指尖指向我。

这样一个"触碰"，我着实没有感觉，随后我一边安抚他的情绪，一边思考面前的这个孩子曾经经历过什么，会因为这样一个"触碰"而引发他产生这么大的情绪？

午睡时光，他也不会像其他小朋友一样安安静静地躺在床上睡觉，而是大笑、唱歌，甚至晃动床、敲击地面制造各种声响来吸引你关注他。

这是在假期班与他相处几日留下的印象。

01. 孩子人际关系问题

到了9月，开学了。

"你撞到我了！说对不起！"顺着声音望去，我一看还是小羔，和认识他时有着一模一样的动作，一手叉腰，一手指向另一位小朋友，一脸愤怒的表情。而对方可能和我一样，不觉得撞到了他，于是停住看了一下，又转头走向另一个屋。

有意思的是，当小羔看着对方离开，继续紧追不舍，一边追，一边说："喂！你还没有和我说对不起！"

结果追到那个小朋友前面的时候，对方果然不知道发生了什么，说不知道撞到了他。

这一幕看上去很好玩，但分析下来，是有些让人担忧的。

比如，在双方看待一件事不一致的情况下，一方认为全是对方的错，一方还不知道发生了什么，长期归咎于别人的错，对他和小朋友的交往有益吗？在班级中会影响老师对他的看法吗？

要知道我认识他的时候是在中班，已经上过一年幼儿园小班，和小朋友之间有过一年的交往经验，对于擦肩而过还是"撞"这样的动作力度不太能分辨，除了要求"对不起"外，没有更多的解决方法。

到底是碰撞引发的感觉被伤害？还是源于在家庭或班级中得不到认可，找不到价值而引发的"以为被伤害了"呢？

这些问题都是值得思考，也是需要去解决的。

02. 看见孩子的优点

对于小羔，最初我引导他的方法就是认可、赞美，让他感觉在班里是被接纳，感觉自己是安全的。

比如，这么一位有个性的小朋友，他能规规矩矩地排队做事情真的不容易，所以当看见他站在队伍之中时，我就会大声且夸张地说：“哇！小羔，你站队站得这么好！太棒了啊！”

这时候，我能明显看到他的眼神都闪着光，看着我先是一愣，再看看队伍，紧接着脚底蹭着地面，一点点把自己的身体挪进队列里。

“小羔站队又安静又整齐，看看谁能做到和他一样？”不仅是自己做好了，而且还能成为小朋友学习的榜样，这应该是一种别样的感觉。因为在他脸上，既没有像平时那样紧皱着眉头，也没有更多的笑容。

“他站得哪儿好了？你还能这么表扬他！他都站好了，那就没有人站不好了！你可真行，他站成这样还能夸他！”

是的，这是夸完小羔后，同事对我的实时反馈。

这两年，通过在性格色彩课堂浸泡学习，我了解到，想让孩子成为什么样的人，需要先建立我们期待的样子，再慢慢影响孩子，而不是上来就进行批评式的教育。

批评孩子之前，我们需要先思考，自己有没有给予孩子以身作则的示范和正向的引导。

所以在和小羔建立信任关系之前，我给予了他更多的赞美和接纳，因为没有人愿意在没有爱的氛围下做出改变的。

比如，最初我会请小羔给每个人发盒装牛奶，同时会请收到牛奶的小朋友对小羔表达感谢，目的是希望他能融入新的班级，感受到大家对他的认可。一对一的交流，能直接感受到身边人对自己的认可，也能降低自己在集体中的不安全感，我希望其他小朋友转变对小羔的看法，从另一角度了解小羔是乐于助人且友爱的。

另一方面，我和小班老师沟通得知，在分址的小班，他的淘气是数一数二的，不仅老师皆知，他还经常被找家长。

由此可知，小羔是一位非常有个性的小朋友，而家长应该也没有好的教育方法，得到了孩子不听话的老师反映后，想必家长也会焦虑。

所以在我与家长的交流中，更多的是将孩子的优点反馈给家长。

最初联系他妈妈的时候，是有些困难的，比如微信不会第一时间回复，有时候隔一两天才回复。有时候我猜她会不会是被老师找多了，害怕听到不好的消息呢？

当告诉他妈妈我的发现：小羔在看见小朋友摔倒了，第一时间就跑向其身边，边扶起小朋友边问疼不疼，还用嘴轻轻地帮人吹，那一幕非常的暖心。他妈妈在第一时间回复："感谢您看见孩子的优点！感谢您能看到孩子身上的闪光点！"

这样的回答，恰恰让我猜测，作为教育者的我们是否给予孩子或家长的认可太少了？或许，看见孩子的优点，对每一位妈妈也非常重要。

03. 生活中的影响

开学一两个月，小羔每次都会选择在幼儿园建筑区搭建玩具。随着日渐了解，我确实发现了一些状况。

当好不容易搭建完成的作品突然“哗啦啦”散架了，有的小朋友会重新搭一模一样的，有的会换别的玩，而小羔的反应更多是失声痛哭；当收玩具的音乐响起时，中班的小朋友一般是可以在听到音乐时遵守约定，然后进行下一项活动的，但小羔会为了坚持完成作品而尝试各种方法，甚至会离开教室一个人跑去操场；当面对同样的材料不够用的时候，小羔会从别人的积木作品里去拿，但是不允许别人来碰他的作品，若是看着自己的积木被拿走了绝对会指责他人。

小羔给我的感觉，一方面是很可爱，他会有自己的主意，坚持实现目标不妥协；另一方面是心疼，他不是发泄情绪，就是指责他人，好像除了有时候向他人直白地要道歉，是不太会表达自己需求的，陪伴他成长是需要更多的耐心和爱的。

有时候家长或老师在教育孩子的过程中，常常关注“对不起”一个结果，似乎不管发生什么，只要说一句“对不起”什么都可以解决。但是和孩子的相处中，我发现，比“对不起”更重要的是孩子当下的感受，当下的需求，当下的表达。“对不起”虽然可以在一定情景下解决一定问题，但“对不起”不是万能的，所以引导孩子们表达自己更为重要。

当看见别人拿了他的积木，他追着别的小朋友龇牙咧嘴要“对不起”的时候，我会请小羔先描述刚才发生了什么，带给他的感受是什么，他需要对方做什么？同时，询问另一位小朋友，同样的问题。

因为每个人对于同一事情的解读是不同的，同一情景下，每个人都会站在自己的角度去描述。相互询问的过程，可以相互倾听对方的想法，还可以让对方知道自己做的事情可能会带给其他人怎样的感受，如果有类似的情景再出现的时候，可能会理解他人。

孩子是一张白纸，如果一个孩子的话语总是带着指责性的语言，极有可能是他接收到的批判或指责性语言过多，以至于一说话本能就是批判或指责，换句话说就是没有体会过爱的语言，无法输出温暖的话语。

对于这一点，在和小羔的交流中，我不会采用批评指责命令式的方式与之沟通，而是换成更加温暖和温柔的方式，让他感受和体会不一样的语言模式，体会到友爱的交流。

比如，我会求他做事情，告诉他如果遇到问题或解决不了的事情可以先商量。我还会告诉他：“当我看见你自己跑出教室，我会很担心。如果遇到不开心的事儿，你想离开，能不能先让我知道？我可以陪你一起，但是不要一个人跑远，看不到你我真的很着急。”而他听到这样的话会看着我的眼睛说“好”。

当孩子在家中遇到问题的时候，我们的策略可能是转移孩子注意力，让他发现更好玩、更刺激的事物来忽略现在的情绪；有可能会责怪孩子，会说他有什么好哭的，这也是我们很多成人的成长过程，这样导致的后果就是我们自己不会处理问题，看不见自己的情绪，看不见情绪背后的需求，所以也难以去关注孩子真正的需求。

面对语言输出多带有批判性的，不会表达爱意的小羔，一方面我会用更多鼓励和肯定话语来激励他，另一方面也会向他“索取”带有爱意的语言。

比如，当他找我寻求帮助的时候，除了答应之外，我会请他说“感谢你帮我”“哇，我爱你哟”“有你的帮助我会非常开心”等类似的积极语言。

最初，请他说这样的语言，他别提有多为难了，小羔即便是闷头笑也不会这样表达的，看得出来他是非常羞于爱的表达。

时间久了，是能看到他的变化的。慢慢地，不仅是和我的相处方式有了变化，他和其他小朋友的交往也有了变化，他从经常指责批判到学会鼓励他人，这样的转变让人非常欣喜。

新学期，我不再带这个班级了，有一次偶然的见面，小羔奔向我并大声呼喊“韦唯，我爱你”的那一刻，我的眼眶有些湿润，心中有了暖流，我知道，爱的教育就像种子一样种在了孩子们的心里！

陪伴小羔的成长过程，我自己也在成长。回忆自己小时候，我的幼儿园是全托住宿。而之后爸爸妈妈虽然陪在我身边，也不太会引导我该如何与人打交道，如何解决问题，甚至回忆过往的学校经历，也没有这样的一门课。所以非常感谢我遇到的孩子，让我有机会把理论与实践相结合，形成一套落地可行的育儿方法。

最终，希望我们的教育可以关注孩子的心灵成长，希望每个孩子都能成为最好的自己！每个家庭都和睦幸福！

莱雪

陪娃最高境界，藏在这三个心法中

80后二孩职场宝妈
《写作重塑人生》合集作者

在那星光璀璨的夜晚，我轻抚着微微隆起的腹部，轻声问腹中的胎儿："宝宝，你未来想不想看看这个美丽的世界？"那时的我，未曾料想自己会成为两个孩子的母亲，更未预见她们将如何丰富我的生命。

如今，大女儿晶晶以优异的成绩考入市重点高中，而小女儿彤彤也在一年级的学年结束时，荣获"三好学生"和"书香少年"的荣誉。在外人眼里，我是一个幸福的妈妈，拥有两个聪明、乖巧的女儿。然而，幸福的背后，是我无数个夜不能寐的挣扎和反思。育儿之路，远比我预想的要曲折。15年的育儿之路，我总结出陪娃的三大心法：觉醒、觉察、觉知。

01. 觉醒：痛苦不可怕，沉睡不醒的痛苦才可怕

几年前，晶晶被幸运之神眷顾，摇号进了她梦寐以求的初衷，而彤彤也在幼儿园找到了她的小天地。我自豪地看着她们，一步步踏上了人生的新征程。

然而，随着时间的流逝，家中的空气似乎变得沉重，一种难以言说的郁闷感悄然弥漫。曾经与我无话不谈的晶晶，开始慢慢与我保持距离。

每周回家，晶晶总是带着各种负面情绪。我竭尽所能，想要为她排忧解难，排解掉这些情绪。为了更好地理解处于青春期的她，我阅读了无数育儿书籍，参加了各种课程，甚至考取了家庭教育指导师、学习力指导师资格。我尝试用学到的沟通技巧与她对话，分享我学到的学习方法。但得到的却是“不是这样的”“你的方法没用”的回应。

一次偶然的机会，我在整理她的书桌时，发现了一张字条，上面写着：“我感觉很孤独，问题的根源或许是我的妈妈。”那一刻，我仿佛被雷击中，内心充满了愤怒和自责。我以为我是位好妈妈，却没想到我成了她心中的负担。那一夜，孩子们熟睡后，我抱头痛哭，问自己：“我到底做错了什么?”孩子爸静静地陪在我身边，轻拍着我的背，我的情绪逐渐平息，脑中浮现出一句话：“孩子真正需要的，可能只是倾听，而不是解决问题的方案。”

有一段时间，我选择放手，不再过度关注晶晶的学习和生活，将精力投入自己的阅读和写作中。随着时间的流逝，我的内心逐渐恢复了平静。在一次冥想中，我感受到了胸口的刺痛，那是童年时被家人称为“傻”的痛。我突然意识到，晶晶不接受我的方法，触动了我内心深处的不认可感。

作为母亲，在面对孩子的问题时，如果夹杂着自己的情绪，就很容易迷失方向，看不清事情的真相。晶晶并不是要与我作对，她正处于青春期的风暴中，激素的波动让她情绪起伏不定，同伴关系的不和谐让她感到孤独。而我，却急于解决问题，忽略了她真正的情感需求。

当我找到了问题的根源，我豁然开朗——想要真正陪伴孩子，先要唤醒自己沉睡的心灵。

02. 觉察：所有改变始于心，所有和谐源于自然

觉醒的认知让我洞察到问题的本质，但内核稳定却需要经历心性的磨炼。

曾几何时，我发现晶晶的情绪波动时，我竟能保持波澜不惊。这份惊喜让我好奇，我的内在世界是如何悄然转变的？

去年，我踏上了中医养生之旅，从辨识舌苔到养护五脏六腑，从穴位按揉到食疗和心灵的抚慰；从深究《黄帝内经》的哲理，到抄写《伤寒论》的实践；从坚持拍打八虚，到每日练习易筋经。这一过程，让我从追逐外在世界，转向了对生命本身的深刻洞察。

古人的智慧启迪我，修身养性之道，应遵循自然的阴阳平衡，身心才能得以和谐。育儿亦是如此，关键在于调和与顺应。

我恍然大悟，为何我饱读诗书，却依旧在育儿路上跌跌撞撞。原来，我一直在模仿，而非真正从内心感悟。只有当内核真正改变，变化才会真正开始。

我不再强求晶晶每天快乐，也不再固执于她学习和娱乐的时长。我学会接纳晶晶心中藏着自己的秘密，尊重她的独立。当她愿意跟我分享时，我会静静地倾听，感受她情绪的起伏，不再把我的方法强加于她；当她向我寻求帮助时，我会尽我所能地指导她，即使她最终选择不采纳，我也以开放的心态接受。我接纳了她的一切，尊重她的每一个决定。在不经意间，我们的关系悄然生变。

晶晶渐渐打开了她的心扉，她久违的笑容再次绽放。几年的磨炼，她的心智也在成长，她学会了劳逸结合，不再逼迫自己在无效的状态下学习。她不再封闭自己，而是勇敢地走出房门，去探索更广阔的世界。我们开始一起看电影，她甚至主动提出参加我的聚会。这在以前，是绝对不能的。假期里，她去了福利院，教一个智障孩子画画，用画笔传递她的爱。

陪伴晶晶走过青春期，我深刻体会到，父母之放手，如秋收冬藏，顺应四时，孩子自能顺应人生之起伏，成为自己命运的主宰，塑造独立而坚强的自我。

03. 觉知：与其催促孩子前行，不如点燃其内心之火

在育儿的旅途中，晶晶教会了我放手的智慧，而彤彤则让我找到自己的内在力量。

一次，幼儿园老师的话如同重锤击心，她告诉我彤彤在园中屡遭欺负。我心中涌起无力感，彤彤的笑容背后隐藏着痛楚，而我竟一无所知。

无论我如何温柔引导，她总是缄默不语。我该如何点燃彤彤内心的火焰？

《小狗钱钱》这本书成了我与她建立沟通的桥梁。每晚，我与彤彤共读此书，彤彤被书中的故事深深吸引。吉娅的梦想储钱罐激发了她，她也开始制作自己的梦想储钱罐。当彤彤被书中金先生尊重吉娅秘密的情节所触动，我意识到每个孩子都需要一个“金先生”，一个能够存放秘密的安全空间。我提议：“以后，如果你有不想告诉妈妈的秘密，就告诉‘金先生’。”彤彤的点头和微笑，让我知道我们之间建立了一种新的连接。

随着时间的推移，我的接纳和耐心等待，让彤彤在适当的时候愿意向我敞开心扉。孩子心中的伤痛，有时需要时间来慢慢疗愈。与其逼迫孩子揭开伤疤，不如给予他们耐心的陪伴和理解。

《小狗钱钱》中吉娅的勇气，也在潜移默化中影响着彤彤。当她步入小学，为了给她更多的勇气和力量，我参加了学校的“家长进课堂”活动，为彤彤的班级带来了一堂生动的科普课。彤彤因此受到鼓舞，她在学校变得更加自信和活跃。

彤彤在学习上遇到了挑战，尤其是对抄写生字产生抵触。我思考如何将游戏的乐趣融入学习，于是，我们共同创造了“智慧之树”游戏。在游戏中，每完成一项任务，我们就可以在各自的树干上画上一片树叶。彤彤的眼中闪烁着兴奋的光芒，在白板上勾勒出树干的轮廓，并宣布我们的规则："集5片树叶，就能绽放出一朵美丽的花朵；当花朵盛开5朵，我们就能得到丰硕的果实。"

我在一旁陪伴她，有时沉浸在自己的书海中，有时与彤彤一同探索知识的奥秘，我们的智慧之树逐渐茂盛起来。这个游戏，不仅激发了彤彤的创意，也让她的学习生活充满乐趣。

陪伴彤彤的时光让我感悟到，想要孩子前行，先要激发她的内驱力。每个孩子都是独一无二的存在，他们需要的不仅是知识的灌输，更是内心力量的觉醒。真正的陪伴，不是简单地传递知识，而是与孩子共同学习成长。

04. 终身学习：与孩子携手，共赴爱与自由的智慧之旅

15年的育儿之路，让我深刻地感受到，每个孩子都是独立的生命个体，他们拥有自己的思想和梦想，每个成长阶段都是他们独特个性的展现。

晶晶处于青春期，渴望独立，而又迷茫。她如同在黑暗中摸索，而我能做的，就是静静地陪伴和支持，无声胜有声，让她感受到爱一直在她身边，她永远都不会孤独。

彤彤处于幼小衔接的阶段，将要进入新的环境，开始人生第

一阶段的学习，我能给予的是游戏式的陪伴学习，帮助她驱动内在的齿轮，度过成长的跨越期。

与其说我陪伴孩子学习，不如说孩子陪伴我学习。感恩晶晶和彤彤选择我作为她们的母亲，她们的到来，让我在学习中成长，重新发现生活的意义，找到自我。

在这条充满爱与挑战的道路上，我们可能会迷失，可能会在焦虑中失去方向，甚至有时会在无意中将自己的期望强加给孩子。但请记住，真正的爱，是接纳和尊重，是理解每个孩子都是独一无二的存在。

学会放下我们的焦虑和控制欲，接纳自己的不完美，也接纳孩子的不完美。当我们真正放下，我们才能看到与孩子之间纯粹的关系——他们是我们的伙伴，是我们生命中的宝贵礼物，但不属于我们。

在未来的旅途中，晶晶和彤彤可能会遇到新的挑战，但我相信，我们将一起勇敢地面对，一起成长，一起走向各自的精彩人生。我希望我与女儿们的故事，能够激励每一位父母，让我们一起成为内心坚定、智慧而有爱的父母，不仅引导孩子，也成就自己。让我们一起，以爱之名，陪伴孩子终身学习，也让自己在育儿的道路上不断前行，不断成长。

时中谈

陪孩子终身阅读：书香盈心，共赴远方

家庭教育高级指导师

儿童阅读指导师兼会长

01. 书香沁心，逐梦启航

夕阳，拉长了树影，也拉长了心中的一丝温馨回忆。身为一位父亲，回首自己的成长历程，我对阅读有着极为深刻的感情。

我的母亲是初中毕业的小学老师，父亲是小学未读完的退伍军人。尽管他们的文化水平有限，生活充满了艰辛，甚至时常遭受他人的冷嘲热讽，但他们始终坚定地支持我读书、学习。正是他们给予的这份深沉而执着的爱，让我在书籍的浩瀚世界里找到了心灵的栖息之所，也让我深切地领悟到阅读对于人生的重大意义和深远价值。

儿时我在学校里，并非那个天赋异禀、能够轻而易举斩获高分的骄子，但对书籍的那份纯粹的热爱，却如同春日的种子，在我内心深处悄然生根发芽。大学毕业后，我踏入了社会的洪流，其间遭遇了无数的挫折与坎坷。每当心灰意懒、迷茫无助之时，阅读如同一盏永不熄灭的明灯，驱散了我内心的阴霾，照亮了我继续前行的道路。

“粗缯大布裹生涯，腹有诗书气自华。”阅读，已然成为我生命中不可或缺的精神源泉，它如同和风细雨，润泽着我的心灵，陪伴着我穿越风雨，勇敢地追逐那遥远的梦想。

02. 墨香萦绕，心灵纽带

在那宁静而古朴的江南小镇，我开设了一家小小的书屋。它宛如一座宁静的知识殿堂，默默地守望着周边的初中、师范和职高。书屋以租书为主，这里的每一本书都仿佛是一扇通往不同世界的窗户，吸引着众多学子前来探寻。

在一个个普通却又充满温暖的家庭里，阅读成为亲子之间情感交融的温馨灯火。记得有一位平凡的工人父亲，他每日辛勤劳作后，都会带着孩子来到书屋，精心挑选一本本书籍。父子俩并肩坐在角落里，共同沉浸在书中的世界，时而轻声交流，时而会心一笑。在阅读的陪伴下，孩子逐渐变得开朗自信，理解了父亲的艰辛与期望，也更加懂得珍惜生活中的点滴美好。

在学校这个教育殿堂里，阅读是开启智慧之门的神奇钥匙。有一位初出茅庐的语文老师，面对一群对文学毫无兴趣的学生，心灰意懒地来到书屋，我们相谈甚欢，和她别出心裁地组织了一系列阅读活动。从古典诗词的诵读到现代文学的赏析，学生们在书的海洋中畅游，逐渐领略到了文字的魅力。曾经调皮捣蛋的孩子开始安安静静地坐在教室里捧读经典，原本成绩平平的学生在阅读的滋养下，作文水平突飞猛进。阅读，让课堂充满了生机与活力，也让知识的传播变得更加生动有趣。

而在社会这所广阔的大学堂中，阅读是凝聚人心、传递力量的精神纽带。每逢周末，书屋举办丰富多彩的读书活动，不同年龄段、不同职业的人因书相聚。在这里，大家分享着自己的阅读感悟，探讨着书中的人生哲理。一位年逾古稀的老人讲述着他在书中领悟的人生真谛，让在场的年轻人深受启发；一位年轻的创业者从书中汲取了创新的灵感，找到了事业发展的新方向。阅读，让人们跨越了年龄与身份的界限，共同构建起一个充满智慧与温暖的精神家园。

“读书之乐乐无穷，瑶琴一曲来熏风。”这墨香萦绕的书屋，见证了阅读在家庭教育、学校教育和社会教育中所发挥的神奇力量，它如同一条无形的丝线，将三者紧密地编织在一起，共同编织出一幅绚丽多彩的教育画卷。

03. 体育之路，书香相伴

婚姻的神圣旋律在我的生命中奏响，儿子的呱呱坠地为我们的家庭带来了无尽的喜悦与希望。他从小就对体育运动展现出浓厚的兴趣和过人的天赋，于是毅然决然地选择了体育特长之路。然而，这条道路布满了荆棘与坎坷，其艰辛程度远远超出了我们的想象。

无数次的高强度训练让他的身体承受着巨大的压力，频繁的受伤让他的心灵饱受折磨，一次又一次的比赛失利更是让他陷入了深深的自我怀疑。在那些黑暗的日子里，阅读成为他心灵的避风港和精神支柱。《老人与海》中那位与大海顽强搏斗的老人，让他明白了什么是永不言败的精神；《平凡的世界》里孙少安、孙少平兄弟在艰苦环境中坚守梦想的执着，给予了他重新站起来的勇气。

我们父子虽相隔千里，但电话中的读书交流成为我们之间最温暖、最珍贵的时刻。我会与他分享我最近读到的一本好书，讲述其中的精彩情节和深刻感悟；他会兴奋地向我推荐他在课余时间发现的佳作，畅谈自己的思考与见解。我们在书的世界里相互鼓励、相互支持，共同汲取着前行的力量。

凭借着坚韧不拔的毅力和扎实的文学功底，儿子成功地通过了国家队的选拔，考上了他心仪已久的重点大学。那一刻，我们相拥而泣，深知这一路走来的汗水与泪水都没有白流。阅读，不仅是我们心灵的寄托，更是我们在家庭教育、学校教育和社会教育融合之路上的坚实基石。

04. 与女儿共读，知音相逢

随着女儿的降临，我们的家庭犹如绽放的花朵，充满了温馨与甜蜜。从她牙牙学语开始，我便陪伴着她踏上了阅读的奇妙之旅。我们一起走进《绿野仙踪》的奇幻世界，感受多萝西的勇敢与坚定；一同领略《简·爱》中女性的独立与自尊，体会爱情的真挚与美好。每一本书都是我们心灵对话的桥梁，每一个故事都是我们共同成长的见证。

在陪伴女儿阅读的过程中，我愈发深刻地认识到阅读的巨大价值。阅读不仅能够拓宽孩子的视野，丰富他们的想象力，还能培养其语言表达和逻辑思维能力。良好的阅读习惯更是孩子受益终身的财富，它能让孩子静下心来，专注思考，沉淀内心。

然而，我也遗憾地发现周围不少孩子缺乏阅读的习惯和环境。他们沉迷于电子设备，很少有机会静下心来品读一本好书。看到这些孩子在知识的海洋中迷失方向，我感到无比痛心。

正因如此，我决心创办儿童读书会。在这个过程中，我有幸结识了海娟老师。她对我"培养孩子终生阅读的价值观，读写相通、主题阅读、以兴趣为引的自由读写等方法技巧"颇为赞赏。海娟老师不仅拥有丰富的教育经验，更对儿童阅读有着独特而深刻的理解。她组织的"故事大王"比赛，让孩子们有机会站在舞台上，勇敢地展现自我，用稚嫩的声音讲述一个个动人心弦的故事；"亲子共读分享会"则为家长和孩子们提供了一个温馨的交流平台，大家在这里分享阅读心得，传递着爱与知识的力量。

在与海娟老师的密切合作中，我深刻地体会到了教学相长的真谛。她的专业指导和创新理念让我受益匪浅，在海娟老师的大力支持下，我们共同开办了一家以"儿童读书会"为主的书店。

这里不仅有琳琅满目的书籍，还有温馨舒适的阅读空间和丰富多彩的阅读活动。孩子们可以在这里自由地选择自己喜欢的书籍，与小伙伴们一起交流阅读的快乐；家长们也可以在这里参加各种亲子阅读培训和讲座，提升自己的教育水平。我们期望书店成为一个充满魔力的知识乐园，吸引着越来越多的孩子走进来，沉浸在阅读的海洋中，感受着知识的魅力和成长的喜悦。

05. 传递书香，共赴未来

人至中年，回首往昔，阅读如同一颗璀璨的星辰，始终照亮着我和孩子们的成长之路。它不仅是我们心灵的寄托，更是我们在人生旅途中不断前行的动力源泉。

我深知，阅读的力量是无穷的。它可以启迪智慧、陶冶情操、塑造品格。因此，我决心将阅读作为连接家庭、学校与社会的桥梁，传递给更多的人。我积极参与公益活动，为贫困地区的孩子们捐赠书籍，让他们也能感受到阅读的温暖与力量；我走进校园，与师生们分享阅读的心得和乐趣，激发孩子们对知识的渴望和对未来的憧憬；我组织社区阅读活动，让更多的家庭参与其中，共同营造一个书香四溢的社会环境，为推广阅读事业而努力奋斗。

“路漫漫其修远兮，吾将上下而求索”。我坚信，只要我们坚持不懈地努力，阅读的种子必将在更多人的心中生根发芽，绽放出绚丽的花朵。

06. 书香永恒，未来可期

岁月如流，斗转星移，书香始终萦绕于我的心间，未曾消散。我深深地明白，阅读是一项终生的事业，是连接家庭、学校与社会的坚固纽带。它如同春风化雨，滋润着每一个人的心田；又如璀璨星辰，指引着我们前行的方向。

愿更多的人能够在阅读中找到内心的宁静与力量，让知识的清泉在心灵深处流淌；愿每一个家庭都能充满书香，让亲子共读成为最美好的时光；愿学校和社会能够更加重视阅读教育，为孩子们创造更加优越的阅读环境。

我怀揣着对阅读的热爱与执着，陪伴孩子们在知识的海洋中扬帆远航，勇敢地追逐梦想。相信在阅读的陪伴下，我们的未来必将充满希望，我们的人生必将绽放出绚丽夺目的光彩。

美瑶

育儿，一场自我修炼的旅程

金融业二孩职场妈妈
家庭教育指导师
明日之星沙盘引导师
亲子学习教练

蔡元培曾说："决定孩子一生的不是学习成绩，而是健全的人格修养。"育儿如育己，陪孩子学习成长的过程就是不断修炼自己的过程。

01. 要做事先做人

每个孩子诞生时，都像是一张未曾着墨的白纸，而作为父母，我们有幸在这张纸上绘下最初的笔触。在塑造孩子品格的征途上，我始终秉持一条不可动摇的准则：向孩子传授尊重、诚信、勇气和责任感的道理。

作为一位母亲，我深知，激励孩子们勇敢面对生活中的挑战是培养他们坚韧性格的关键。无论是解决学业上的难题，还是处理人际交往中的小矛盾，我告诉他们：挫折是成长的垫脚石，而我们应对和解决问题的态度与方法，才是塑造未来的关键。

在培养孩子们责任感的实践中，我赋予了他们一些小而意义深远的任务。比如，照料家中的宠物，或是整理自己的房间，让他们在这些日常的小事中，感受到承担责任的重要性。记得有一次，孩子们从公园带回两只毛茸茸的小鸡宝宝。哥哥和弟弟用一个小纸箱为小鸡们搭建了一个温暖的家，耐心地喂食小米粒和碎菜叶。看着他们专注而温柔地照顾这些小生命，我的心也被这份纯真和爱心深深触动。

然而，随着时间的推移，小鸡们的生存挑战也接踵而至。从最初的活泼到最终的逝去，孩子们经历了一段充满情感起伏的养育过程。这个过程虽然带来了悲伤，但也让孩子们深刻体会到生命的可贵，教会他们珍惜每一个生命瞬间。通过这些日常的点滴实践，我希望能够引导孩子们形成健全的人格，让他们在成长的道路上，不仅学会知识，更学会做人。

02. 养成早睡早起、自律自强的习惯

良好的生活习惯是孩子健康成长的重要基石，而自律是终身学习的关键。我花了不少心思帮助孩子们养成早睡早起的好习惯。

在我们家里，我们遵循着一份严格而温馨的作息时间表。晚上9点成为孩子们进入梦乡的时刻。我深知睡眠质量对孩子成长的重要性，因此，我总是在睡前为他们讲一个个引人入胜的故事，有时也请小度智能音箱帮忙讲故事，或是与他们分享日常中的欢乐时光，让一天的忙碌在轻松愉悦的氛围中画上句号。

清晨，我们家以一段轻柔的晨起音乐唤醒新的一天，这不仅为孩子们带来活力，还培养了他们对美好一天的期待。身为母亲，我以身作则，养成了早起学习的习惯。每天清晨，我会提前

一小时起床，为家人准备营养丰富的早餐，用实际行动来展示早起的好处。

在孩子们的学习和生活中，我特别重视自律性的培养。我们家采用了“番茄工作法”，每25分钟的学习后有5分钟的休息，这样的节奏不仅提高了孩子们的学习效率，更重要的是教会了他们如何有效管理时间。同时，我引导他们设定短期可达成的小目标，如一周内完成几个学习任务，并在完成后给予适当的奖励，以此激发他们不断前进的动力。

每天清晨，他们都能迅速地完成洗漱和穿戴，带着饱满的精神早早地出门，迎接学校的晨读时光。看到他们如此自律和有序，我的心中充满了欣慰和自豪。作为一位忙碌的二孩职场妈妈，这样的场景无疑就是我的理想状态，这着实能让我轻松许多。每当有这样母慈子孝的场景上演，我上班的心情就特别愉快。

03. 养成好好学习的习惯

我深刻理解学习对孩子未来发展的重要性。因此，在引导孩子们培养良好的学习习惯时，我特别重视点燃他们的学习热情，并提供有效的学习方法作为指导。

真正的学习动力应该源自孩子内心的渴望，而非外界的压力。在孩子们的求学之路上，我耐心地探索和激发他们的兴趣，让学习变成一件充满发现和乐趣的事情。得知大宝对科技有着浓厚的兴趣，我便精选科技类书籍和资料，并与他一起动手进行科学实验，让他在实践中体验到知识的力量和学习的乐趣。我们一起尝试各种科学小实验，即使过程中弄脏了衣服，或是小手染上了难以洗掉的颜色，这些小小的“意外”也会成为他探索科学世界的美好记忆。

哥哥和弟弟对乐高玩具的热爱，也成为我们亲子互动的重要纽带。尽管有时内心会有犹豫，但为了培养他们的专注力和对事物的热爱，我乐于投入时间与他们一起拼搭，共享创造的乐趣。这些宝贵的陪伴时刻，不仅加深了我们之间的情感联系，也在玩乐中培养了他们的耐心、细心和创造力。

在知识学习方面，正确的学习方法是培养良好学习习惯的关键。我向孩子们传授记忆单词的技巧、整理笔记的方法和时间分配的策略。对于大宝，我帮助他制订学习计划，将大目标分解为小任务，逐步完成，以此积累成就感。小宝，因为还在上幼儿园，所以主要以培养兴趣为主。为了营造一个有利于学习的环境，我们家设有一个安静、整洁的学习区域，专为孩子们的学习所用。我会定期整理这个空间，确保他们在学习时能够全神贯注。同时，我也会合理控制他们的娱乐时间，比如限制电子游戏时间，以确保他们有足够的时间和精力投入学习中。

04. 兄弟关系：和谐共处与独立成长

在二孩家庭中，兄弟姐妹间的和谐关系对孩子的成长至关重要。我深知这一点，因此特别重视培养大宝和二宝之间的亲密关系，同时鼓励他们保持个性的独立发展。

为了增进兄弟俩的互动与情感联系，我会精心策划一些家庭活动，如共同完成手工艺品、参与家庭游戏等。这些活动不仅促进了他们的交流与合作，在分享与协作的过程中，还加深了他们对彼此的了解和感情。我尊重每个孩子独特的个性和兴趣，避免“一刀切”的教养方式。大宝对科技充满热情，而二宝则对艺术情有独钟。因此，我会根据他们的兴趣而选择适合的课外活动，支持他们各自的特长和爱好，而不是简单地让他们参与相同的活动。当然，兄弟间的争执在所难免。在这些时刻，我倾向于鼓励他们自行解决问题，培养他们解决冲突的能力。如果争执升级，我会适时介入，帮助他们表达自身感受，引导他们寻找和解之道。这不仅解决了眼前的矛盾，更为他们未来处理冲突提供了宝贵的经验。在日常生活中，哥俩有时会因为争夺玩具或物品而发生争执。面对这样的情况，我会首先让他们冷静下来，让他们反思自己的行为，或者采取轮流分享的方式。在购物时，如果哥哥和弟弟都想要同一样东西，我会提前与他们沟通，提出一人买一种，然后互相交换分享的方案。只有当他们同意这样的安排，我们才会进行购买。

通过这些方法，能够培养他们成为懂得尊重、分享和解决问题的人，这将对他们的人际关系和社会发展产生深远的积极影响。

05. 拯救孩子，不再沉迷电子游戏

在当今社会，电子游戏成为许多孩子最容易沉迷的娱乐方式，我的大宝也面临着同样的挑战。当他开始过度沉迷于电子游戏，影响到学业时，我和大宝的晚辅机构李老师携手合作，帮助他摆脱困境，重拾学习的热情。

我没有立即责备大宝，而是首先与他进行了深入沟通，让他理解沉迷游戏可能带来的长远影响，引导他自己意识到行为的后果，从而认识到问题的严重性。

当我意识到我需要更多帮助时，我联系了李老师，他的专业知识和经验对我们至关重要。李老师不仅在学业上给予大宝指导，还与我一起制定了减少游戏时间的策略，并持续跟踪他的变化。

我采用渐进式调整的方法，避免了极端的禁止措施，选择了

逐步减少游戏时间的方法。开始，我们将他的游戏时间限制在每天半小时，并确保只能在完成学习任务后进行。随着时间推移，我们逐步缩减游戏时间，直至它不再占据大宝生活的主导地位。

在减少游戏时间的同时，我们努力发掘大宝感兴趣的学习领域。通过引入与游戏相关的编程课程，成功地将他对游戏的热情转化为对编程学习的兴趣，使他的注意力重新集中在学业上。例如，我和大宝一起学习编程猫的探月Python课程，课程不仅适合零基础人群学习，还很有趣，这为以后的人工智能时代的学习打下了基础。当然，这其实也是我的兴趣爱好之一。

当大宝重新认真投入学习中时，我们通过设立奖励机制来鼓励他的积极行为。每一个学习上的进步都会得到我和李老师的及时肯定和奖励，这样的正向反馈进一步保持了他的学习动力。

经过很长一段时间的一起努力，我们不仅帮助大宝克服了对电子游戏的依赖，还引导他发现了学习的乐趣和价值，为他的未来奠定了坚实的基础和种下了梦想的种子。

作为一名普通的职场二孩妈妈，我深知育儿是一场与孩子共同成长的旅程。在这条路上，我们相互启发，相互成就，一起成为更好的自己。

蓝敏

用爱与陪伴，浇灌成长之花

教师

学习力教练

弘丹写作学院写作教练

女儿11岁，离开爸爸妈妈，背上行囊，跟随老师和团队，第一次坐上飞机，前往千里之外的成都参加夏令营活动。看着老师发来的照片，隔着屏幕都能感受到女儿眼神中的坚定和勇敢。我不禁感慨，孩子长大了。

每个孩子的成长都需要父母的悉心教育和培养。女儿刚刚出生，我就买了很多教育书籍，励志把孩子培养成学霸，早早教孩子读古诗、背《三字经》。女儿很争气，两周岁不到就会背《三字经》了。

看着女儿的成长，我暗自高兴。然而，教育之路并不是永远一帆风顺的。一个孩子的成长，需要父母教给的不仅仅是知识，还有比知识重要千倍万倍的东西。

01. 顿悟：拨云见日，反思教育失误

“琪琪妈妈，孩子这学期成绩不太对哦。”看着老师发来的消息，再看看女儿的成绩，我完全傻眼了。女儿成绩一向不错，她上课认真，作业写得很仔细，回家认真复习。怎么会考出这么差的成绩？

思来想去，我终于意识到，问题出在考试那一天。而我就是

主要原因。那天，孩子要去参加考试，我则着急上网处理工作的事，还得赶着去上班。慌乱之中，我和楼下邻居说好，让她帮忙送孩子去学校。孩子开心出门了，我也忙工作去了。

当我即将出门上班，竟看到孩子还在家门口犹豫徘徊，不知何去何从。瞬间，我的暴躁情绪如火山般喷发，质问孩子为何还不去学校。孩子委屈地说，找不到邻居。一问才知道，孩子走楼梯，邻居乘电梯，就这样错过了。时间紧，我狠狠批评了孩子，指责她木头脑袋，不知道变通，大清早还走楼梯，这不是浪费时间吗？孩子委屈极了，那天，她是含着眼泪去上学的。批评过后，我就后悔了。因为今天是她考试的日子，我怎么能如此暴躁？我不禁反思，自己的情绪怎么会失控到这种地步？

再次面对孩子的成绩，我知道自己的教育方式出了问题。我一直以为自己学识丰富，读了那么多书，怎么可能教不好孩子？但是作为父母，我们需要教给孩子的不仅仅是知识，因为知识都可以学会。而父母情绪的失控，给孩子造成不安全感，才是孩子面对的最大挑战。因为我的严厉批评，让孩子感受到巨大压力，内心产生恐惧，自然影响她考试发挥出正常水平。当时我又忽略了她的感受，批评她不会变通，让她觉得自己毫无价值。

想到这，我轻轻搂过孩子，告诉她，一次没有考好没有关系，我们好好总结经验，下次一定会考好的。我的温暖怀抱才是孩子最安全的港湾。

错误的教育方式如暗礁，会阻碍孩子前行的航船。正是这一件事，让我顿悟：在孩子成长的道路上，父母要做的绝不只是教给孩子知识和道理，还要给予孩子更重要的安全感和价值感。

02. 践行：温暖如光，忆母陪伴成长

自己身为母亲，却忘了儿时经历。回首往昔，母亲的教育如温暖之光，照亮我的成长之路。

我出身农村家庭，母亲没有高学历，没有丰富的文化知识，但她却实实在在是一位优秀的母亲，将为人母的本分之事做得尽善尽美。小时候，家里经济条件差，吃零食于我们而言是一种奢望。后院的芭蕉树，或许是我们唯一能期盼的“零食源”。芭蕉结了果，母亲砍下来放在草垛里等着它慢慢变熟。我和妹妹总是心心念念那还未熟透的芭蕉，妹妹聪明机灵，每次都能精准找到母亲藏芭蕉的位置，而我却总是茫然无措，怎么也找不到。母亲发现我们偷吃后，从不呵斥，只是笑笑说：“又被你们找到了。”那温暖的笑容让我们姐妹俩心里乐开了花，觉得母亲就是天底下最好的母亲。

对于我们的学习，母亲几乎一窍不通。她不懂得那些复杂的知识，无法在课业上给予具体的指导，但她会在我们写作业时安静地坐在一旁，默默地陪伴着我们。她用最朴实的行动告诉我们，她在乎我们的努力。除夕夜，别人家的孩子都在热闹地玩

耍，而母亲告诉我们：如果你玩乐，未来就是奔波劳碌的命；如果你用心读书，未来就会在读书上有成就。

不知道是不是孩子天性单纯，反正母亲说什么我都信了。每年除夕夜，一家人吃完年夜饭后，我不玩也不睡觉，搬来一张桌子和一把椅子，放在大厅里，摊开我一年来要读的书，认真看书并做读书笔记，或者做剪报。我相信母亲所说的，我要在一年的新旧交替之际开始做一件有意义的事。

好像真的很管用，之后我的读书生涯一直很顺利，成绩名列前茅，每年都被评为三好学生，大学毕业还获得“优秀毕业生”称号。而母亲在我的学业上没有任何指导，她只是静静地陪伴，我读书，她包粽子。只是这样的举动，给我很多力量。母亲用她独特的方式，为我们营造了一个充满爱与关怀的成长环境。她的宽容、陪伴和信任，让我们在艰难的生活中依然能感受到温暖和力量，让我们拥有勇气去面对生活的挑战，去追寻自己的梦想。母亲的爱如明灯，照亮孩子成长的路。

我在没有多少文化的母亲的教育下取得了不错的成绩，却在教育自己孩子的问题上，出现了大问题。结合所看的教育书籍，我知道自己的症结所在。我不再急于求成，我开始从关注孩子学习到关心孩子情绪变化，尊重孩子的感受和需要，给予孩子安全感和价值感。我告诉孩子，即便她成绩不好，也依然是爸爸妈妈心爱的宝贝。

后来生了小宝，因为需要更多时间照顾小宝，我担心女儿感受到被“冷落”。除了和她解释小宝宝需要妈妈照顾，我还专门抽出时间和她秘密约会，共度甜蜜时光。这个时间段是属于她和妈妈的，不带任何人。让她感受到，无论何时何地，无论妈妈多忙，妈妈都愿意花时间陪伴她，因为她很重要。女儿在我的陪伴下，变得更加开朗乐观，更有幸福感，她的学业成绩也不再让我操心，每次考试都名列前茅。

因为前面踩过坑，所以到小宝出生，我更侧重给予孩子安全感和价值感。小宝从小很开朗很独立，妈妈不在家，一岁多就能自己午睡，不需要外婆陪睡。每天中午外婆给他调好奶粉，他接过奶瓶，自己躺到小床里吃奶，吃完奶就睡着了。

在养育两个孩子的过程中，我渐渐明白，作为父母，你需要给予孩子的不是很多知识和道理，而是更多的爱和陪伴，更多的信任和欣赏，给予孩子足够的安全感和价值感。父母的温暖陪伴，会在孩子心中生根发芽，点亮孩子心中的火花。

03. 传播：星火燎原，共筑成长灯塔

在我漫长的教师生涯中，我愈发深刻地领悟到父母于孩子成长进程中的关键作用，尤其是陪伴孩子，其价值不可估量。

回想自家孩子的成长历程，曾经的我和众多父母一样，在教育路上迷茫徘徊、举棋不定。直到我明晰了陪伴的重要意义，方

才全力行动。我购买了不计其数的教育书籍，钻研了各式各样的课程，持续充实自己，最终成为孩子的学习力教练。

在我用心地陪伴与悉心地辅导下，女儿发生了令人欣喜的变化。她性格开朗乐观，为人处世恰到好处，与我们的关系亲密和谐。原本脾气急躁的先生，在温馨的家庭氛围的影响下，也变得越来越有耐心。

身为教师，我面对的不仅是自家孩子，还有众多学生。我年复一年地与孩子们相处，看到了太多父母的苦心，也目睹了太多家庭的矛盾。不少父母往往只盯着孩子的学习成绩，对其他方面全然不顾。如此一来，孩子的成绩可能不升反降，生活上问题不断，甚至偏离正轨。

故而在教育学生之余，我从未停止进修学习的脚步。我不仅重温传统的教育学和心理学，每年还会参加新的学习，不断磨砺自己，不断成长进步，从而获得了各类证书，取得了不错的成绩。我专注于提升孩子的学习力，力求让孩子学习事半功倍。并且，我还把自己所学传授给家长，引领他们一同教育孩子，帮助他们成为孩子的学习力教练。我经常组织家长学习，每次在家长会上都会向家长传授新的教育技法。

令人欣慰的是，大家的实践效果显著。孩子们的学习成绩逐步提高，家庭中的亲子关系也愈发和谐。这一切让我更加坚定了信念，也让我深知自己肩负的使命。未来，我不仅要教导好自己所教的几十、几百名学生，还要努力引导更多孩子的父母学会与孩子和谐相处，帮助孩子提升学习力。

我的努力得到了许多人的感恩与支持，我讲述自己教育孩子的经历，让众多人从中受益成长。我深深地懂得，父母陪伴孩子学习至关重要。我不仅引领自家孩子好好学习，还带动更多父母认真学习，成为孩子坚实的后盾和学习的引路人。

因为，孩子健康快乐地成长，是我们共同的心愿。我坚信，只要我们真心陪伴、以爱施教，每一个孩子都能在温暖与关爱中茁壮成长，绽放出属于自己的璀璨光芒。

我知道，一个人的力量是有限的，但也相信一棵树能摇动另一棵树，一盏灯能点亮另一盏灯。我就这样慢慢践行，终有一天，星火燎原，万家灯火通明。

莉莉安吴

做不完美妈妈，给孩子做自己的底气

深耕教育行业15年

热爱阅读的写作教练

《Hello，宝贝》《和宝贝一起成长》《了不起的发光女孩》等共著作者

一个15岁的孩子，上重点高中，尊重师长，和同学关系很好。坚持学习8年音乐，曾和著名的莱比锡交响乐团同台演出，登上了维也纳金色大厅表演，还受到法兰克福市长的接见。获得英语口语大赛的省级金奖，游历过10多个国家和中国的40多个城市，喜爱游戏却不沉迷。课余时他是图书馆里优秀的志愿者和荐书大使，一到假期就包办了家里的家务。这样的神仙孩子，是多少妈妈的“梦中情娃”？你很难想象，5年前，他曾是一个“一学就废，考试白费”的标签生。我焦虑到夜不能寐，家里硝烟味浓重，我们无数次争吵，甚至到了两人都崩溃大哭的地步。

01. 完美的妈妈教不出完美的孩子

我的母亲是国家恢复高考后的第一届大学生，父亲是一名军人。母亲丰富的学识和父亲的自律，使我从小生长在书香环绕同时有着严格秩序的家庭环境中。母亲总能快速地做出让人赞不绝口的美食，父亲则要求家里整整齐齐，每样东西都有它专属的位置，用完必须放回原位。父母亲在生活最困难的时候，都选择把我和妹妹带在身边，没有让我们成为留守儿童，给了我们满满的安全感。我总是想，以后我也要做一个100分的妈妈。所以当我有了自己的孩子时，即使再困难，我也没有假手于人，而是选择亲自带孩子。没有经验，就照着育儿书来养，一点点摸索出一套自己的育儿经验。

在孩子成长的过程中，我严格要求自己：奶瓶等器具每天要消毒3遍，家里的地要早晚拖两遍，每次都必须用一遍消毒水，一遍清水；食材要当天新鲜的，并且一周不重样；一日三餐的营养搭配要合理，饮料也必须是自制的；早上有固定的抚触和晒太阳时间，午睡后有固定的早教和运动时间，晚上睡觉前是固定读书时间。这些小小的近乎固执的习惯，随着孩子的一天天长大，不知不觉坚持了6年。

这6年孩子的身体一直很健康，身高一直超越同龄人，大运动发展得非常好，语言能力比同龄的小伙伴高出很多。他保持着健康饮食，每天晚上读的书已经塞了满满两个书柜。他健康、活泼、有学识。我欣喜地认为已经把他训练成了100分的孩子。由于我一直为育儿杂志写文章，甚至还出版了两本书，所以，内心里充满着自己是个完美妈妈的成就感。

直到有一天，老师专门请我到学校面谈，我才知道，这个一度让我满心骄傲的娃，已经有一周都没有交数学作业，作文更是直接交了空白本。同时，他的同学也跟我透露他们放学经常一起去买辣条、麻辣烫等作为零食。当时我真的是震惊了，我满分教育的信念在瞬间崩塌。回到家里，我像只被气愤冲昏了头脑的狮子，把那些先进的育儿理念都抛到了一边，不由分说地把孩子堵在房间里。

我拿着他的空白作业本让他好好解释自己“干的好事”，不但不完成作业，还学坏去外面买垃圾零食。他边哭边说：“我就是不想写，我不会。那些零食不是垃圾，同学都吃过，凭什么我就不能吃呢?”

我大吼：“不会的题你可以问，想吃什么我也可以做啊!”

孩子也哭着吼我：“那是你的愿望，又不是我的!”

那一刻我愣住了，原来10年来，我严格要求自己做100分的妈妈，同时希望他成为100分的孩子，而当我的脑袋中扬扬自得地想要塑造和改变孩子的时候，我已经看不见真正的他了，我看到的只是自己脑中那个完美小孩的模型。这是一个母亲的妄念。

真正的觉醒往往需要当头棒喝。那一次争吵，让我看见了真实的自己，也看见了真实的孩子。读过那么多书，写过那么多文，却忘记了，真正的母爱，是爱他“如他所是”，而非“如我所愿”。如果我一直坚持100分的教育，我也许会得到一个“正确的孩子”，孩子却会永远失去一个做自己的机会。

02. 做诚实的妈妈，孩子才有机会做他自己

教育专家李雪曾说过：“回顾生命的最初，我们对自己的生命故事多一分理解，对孩子就会少一分评价和要求，多一分看见

和疗愈。”

经历了那次育儿挫折后，我封笔开始学习心理健康和家庭教育的课程，大量地阅读和学习相关书籍，不断地向内探索自己的生命故事。原来，在我的生命里，保持优秀和一切充满秩序被认为是最重要的事情。所以我一直用极高的要求对待自己，强迫自己必须是一个100分的完美妈妈，同时也要求孩子要做到100分的完美小孩。学习要好，性格和善，喜欢音乐和运动，会做公益和家务。我每天像一匹不知疲倦的战马，在鸡娃的路上狂奔，却忘记了他也只不过是个孩子。

我开始放下育儿的傲慢，蹲下来，陪伴而不打扰孩子的生命。我明白只有让孩子按照自己的节律来生长，他才能像阳光雨露中的小树苗一样，渐渐长成参天大树。我必须先学会理解生命，才去思考教育。

于是，我开始练习让自己降级，不再对身边的事情都严格要求做到100分。以前我的口头禅是，“一件事情，要么不做，要么就做到最好”。现在我告诉自己，妈妈不是神，不需要完美，只要保持自我觉察，坦诚地做自己就好。我接受自己的不完美，承认自己会有累的时候，坦诚地接纳自己也有想躺平的时候，而我也会接受孩子是个普通的孩子。当孩子学不会某些知识的时候，我不再批评他上课没有认真听讲，而是沉下心来跟他一起刷题找答案，并且告诉他：“如果真的学不会，就说明这个阶段大脑正好在发展别的特长，那么就放一放，一段时间后再回头看看，兴许就会了。”

当孩子想要尝试垃圾食品的时候，我不再严格要求他必须少于3个添加剂的零食才能吃。那段时间他经常回来跟我分享最近同学流行吃什么，而我也会和他一起买回来试吃，然后一起研究配料表上的化学成分。这使他在零食的选择上渐渐有了自己的心得，有些零食吃着很带劲儿，但是会让健康受损，就要少吃，多选择“天然食品”而不是“人造食品”。我甚至还给他增加了零用钱，完全让他自由支配。有了这些松弛感，孩子开始逐渐恢复了以往的活力。

当我放弃做完美妈妈，真实地面对自己，对孩子的要求就变得符合实际了，而孩子也不必再挣扎着扮演那个完美小孩。由于在生活上他有了自己的话语权，找回了“自我掌控”的感觉，就会从心底自发地长出向上的力量，成绩也逐渐回升。这使我明白，只有对自我坦诚、能自我接纳的妈妈，才能稳稳地接住孩子的情绪，做孩子的后盾。

03. 拓宽学习的边界，重塑学习的意义

当我不再妄想去改变孩子，孩子也不会有下意识地防卫和反击。我们共同学习，一起进步的模式，让我俩恢复到了以前无话不谈的亲密状态。

在辅导他写作的时候，我意识到，人生是一场马拉松，孩子要学会将学习看作个人成长的旅程，而非与他人的竞赛。生活里不应该只有课本、考卷，最好的学习是对世界保持好奇，是学会理解生命。于是，我开始有意识地带着他四处旅行。

我们一起走过湘西的青山绿水，在橘子洲头看过沙鸥飞翔，在岳麓书院听过蝉鸣轻响，在呼伦贝尔草原上飙车，在鸣沙山上数星星，曾经骑着马穿越祁连山的原始森林，也曾划着羊皮筏子横渡黄河。在亚洲大陆最南端游泳，在北极圈的麦当劳吃早餐，在斯德哥尔摩的地下铁穿梭，也在布拉格广场上自由奔跑。我们用行走去拓宽学习的边界，不断地尝试生命中还有什么可能。

在旅行的途中，孩子越来越成熟，对世界的理解也越来越深刻。北极圈不再是地理书上的一个概念，马六甲的海水也变得熟悉。讲英语不再为了考试，而是可以和他人沟通买到冰激凌；学音乐不是为了考级，而是能让外国人对中国人竖起大拇指无限崇拜。他在真实的世界里学习，感受着知识的力量，对世界充满着好奇，也因祖国的强大充满民族自信。

随着孩子的飞速成长，我也慢慢地放下了当初的挫败感。我相信这段经历是来帮助我们成长、成就我们的生命走向完整和绽放精彩的。于是，当我看到和曾经的我一样沉迷于鸡娃的妈妈，就会试着把自己的经验分享给她。我创立了宝妈太空舱，通过线上读书会，带领宝妈们一起读书、写作，分享育儿经验，也通过书写和倾诉疗愈彼此。我时常让孩子做我的“第一读者”，把自己的生命故事用文字的方式传递给他。无须言传，只需身教，在学习的路上，我们肩并肩地走着。

我努力让生活充满美好时刻。也许，随着时间过去，终有一天我俩会渐行渐远。那时，看着孩子远去的背影，我会道一声“珍重”，我会感恩生命让我们相遇，我会感恩我们共同学习、相互滋养的幸福时光。我心中是那样的笃定，他的生命底色会永远闪耀着明亮!

肖敦兵

陪伴孩子成长

家庭温暖传递者

社会责任倡导者

我有幸拥有一位非常温婉贤淑且胸怀大爱的伴侣，还有两个可爱的孩子，与年迈的母亲共同构筑起一个温馨幸福的五口之家。

今天我怀着深切的期望，真诚渴望与富有爱心的朋友们携手，一同成为正能量的传播者，把爱的火种播撒到每一个角落，为更多的家庭点亮希望之光，为构建更加美好的社会贡献自己的一份微薄之力。

在人生的漫漫长河中，父母与孩子携手并肩，一同勇敢地迈向知识的浩瀚海洋。这不仅是对孩子成长之路的深情护航，更是对未来无限可能的精心培育。特别是在当下这个信息如汹涌潮水般涌来、诱惑遍地的时代，手机游戏、视频流媒体等电子产品，如同夜空中最亮的星，吸引着孩子们好奇的目光，却也悄然间成为他们成长路上的最大挑战。

此时，父母的陪伴与引导，便如同夜空中最温柔的月光，成为他们抵御诱惑的坚实依靠。随着孩子步入青春期，特别是当进入初中，开始住校生活，他们将拥有更多自主的空间与选择——友情的萌芽、自我意识的觉醒，以及渴望拥有属于自己的小天地。

父母与孩子之间关于“自由”与“约束”的微妙较量也会从此开始。父母出于关爱之情，常常会对孩子的某些行为加以限制，如限定游戏时间、管控手机使用等。这些举措虽出自好意，但也可能在孩子心中埋下叛逆的种子。伴随父母对孩子学业成绩寄予过高期望，渴望孩子能够在班级乃至年级中名列前茅等等，往往这些会让孩子倍感压力巨大。由此产生的摩擦与隔阂，必将为“陪伴终身学习”的美好愿景蒙上一层浓重的阴影。

其实，想要真正实现孩子与父母的和谐共处、共同踏上终身学习的征程，关键在于构建一种建立在理解、尊重与爱的亲子关系上。唯有孩子真切地感受到家庭的温暖与理解，而非仅仅是压力与束缚时，他们才会心甘情愿地敞开心扉，与父母分享成长中的喜悦与困惑。

好的父母，不仅是孩子学习上的引领者，更是他们心灵的避风港，陪伴他们勇敢面对挑战，一同茁壮成长。

01. 领悟爱的力量，成为更伟大的父母

在特殊孩子的成长路上，父母不仅是照顾者，更是他们学习新知的重要伙伴。我想向全社会展示一群伟大而坚韧的父母，他们用自己的行动诠释了爱的真谛，证明了陪伴的力量，足以跨越一切障碍。

有这样一群非凡的守护者，他们面对的是一群需要一生关怀的小天使——脑瘫患儿、孤独症儿童、唐氏综合征宝贝、深陷抑

郁泥潭的孩子，以及那些生活在无光世界或无法自由奔跑的孩子们。这些生命自诞生之初，就注定要面对不同寻常的挑战与艰辛。

他们的父母，以无尽的耐心与坚韧，许下了一生的承诺，誓要成为孩子最坚实的依靠。他们深知，这份责任将跨越岁月的长河，直至自己力有不逮之时，那份对孩子未来的忧虑仍如影随形，生怕无人继续这份爱的接力。在某些情况下，照顾这样一个特殊的孩子，其难度远超乎想象，他们的父母没有选择抛弃，没有让孩子自生自灭，而是选择坚强地面对。尽管这份付出往往得不到孩子的回馈，甚至连一句简单的“谢谢”都显得奢侈，但正是这份不求回报的爱，让这个世界充满了温暖与希望。

目睹这一切后，我们夫妇俩的心被深深触动。尤其是想到那因身体缺陷、疾病等原因被遗弃，却在养父养母的怀抱中绽放笑颜的孩子，再对比这些身处逆境却仍被父母紧紧拥抱的特殊孩子们，我们心中充满了对这些伟大父母的无限敬意与感激。他们，是真正的英雄，用行动诠释了爱的真谛。

这些特殊儿童的伟大父母教会我们如何通过耐心、坚持和无条件的爱来支持一个孩子的成长。这些品质对于所有父母来说都是宝贵的，它们帮助我们理解并接受孩子的独特性，无论是孩子的身体上还是性格上都要给予特别的照顾和理解。关爱这些特殊家庭不仅是对他们的帮助，也是一个让我们自己成为更好父母的宝贵机会。

02. 用爱与勇气，点亮特殊孩子的未来

2002年的冬日，一个无辜的小生命悄然降临世间。然而因疾病及诸多原因，她被自己的亲生父母无情遗弃。幸运的是，她被好心人发现并报了警，警察将她转送到了福利院。在福利院的悉心照料与精心治疗下，她的身体逐渐恢复，并被一个家庭收养。可是在一年左右的时间里，她又被诊断出患有多种疾病，其中包括脑瘫，于是再度被遗弃。此后她在福利院度过漫长的十年时光里，竟无家庭敢收养她。但这个孩子却无比渴望拥有一个属于自己的家，有疼爱她的爸爸和妈妈。

直至2015年，经过福利院工作人员的不懈努力，终于为孩子找到了新的家庭。在家人的关爱与陪伴下，尤其是伟大母爱的呵护下，孩子渐渐变得开朗，笑容也日益增多。如今，她已从一个曾被遗弃的特殊孩子，成长为极为优秀的孩子，她的进步与成长，成了父母心中最大的慰藉。

每一个生命都值得被珍惜、呵护，而爱正是让特殊孩子蜕变为特别优秀的孩子的神奇力量。对于许多特殊青年而言，能够解决就业问题并实现自给自足已然是一种满足。但超出我们想象的是，这个孩子在父母的支持与鼓励下，她不仅能解决自身就业问题，还准备与父母一同怀揣感恩之心回馈社会，帮助其他特殊家

庭更好地渡过难关，以自己的方式为建设和谐社会贡献力量。她从一个需要被照顾的孩子，成长为充满爱心、懂得关爱他人的大姑娘。她温柔、善良且能干，总是洋溢着阳光，深受周围人的喜爱。无论是特殊儿童的父母，还是普通孩子的家长，都对她赞叹不已，并羡慕她如此懂事能干。

她的成长之路并非坦途，但正是政府以及社会各界的关爱与支持，让她能够勇往直前。她的故事激励着我们坚信，只要心怀爱与勇气，每一个孩子都能创造属于自己的奇迹。当她一次次被抛弃，在福利院里长达十年无人敢收养，也是警醒我们——要时时刻刻关注残障儿童家庭所面临的挑战与压力，以减少残疾儿童被抛弃的命运！通过这篇文章，也想呼吁有爱心、有条件的家庭，能够考虑到福利院去收养那些被父母抛弃的孤儿，让他们也能够实现有家的愿望。

因此，我们诚挚地呼吁社会各界的爱心人士，将更多的目光与关怀投向这些特殊家庭。在关注与理解中，你会发现，原来自己拥有的平凡幸福是如此宝贵；在与这些家庭的对比中，你会更加珍惜眼前的一切，感激生活赋予的每一份恩赐。让我们携手，为这些家庭送去温暖与力量，共同守护这份世间最纯粹的爱。

我们期望让更多人明白，只要给孩子足够多的爱与安全感，给予他们适合的教育方式和环境，陪伴孩子一起学习，每个孩子都能取得巨大的进步。爱不仅仅是特殊孩子的需要，也是所有孩子共同的需求。被爱滋养长大的每个孩子，都能绽放出别样的光彩。

03. 关爱特殊儿童家庭，为孩子创造美好明天

当我们想到特殊孩子的经历，再看到自家孩子时，便会惊觉自己的孩子是如此优秀可爱。当我们时常想起特殊孩子家庭的经历，在陪伴自己孩子的过程中，就会深切体会到自己的家庭是如此幸福、幸运。

当我们想到各类特殊的孩子时，即便自家孩子有时未按时完成作业，甚至还在玩手机，家长平日里愤怒的情绪也能得到良好地控制。富有爱心的家长便会以平和的心态，极为耐心地教导这个既聪明、健康、可爱，又调皮的孩子。当调皮的孩子看到父母以温和的方式与自己沟通时，内心会充满安全感，也就更容易与父母进行更多的沟通交流。当孩子感受到足够的爱时，才会接纳父母的陪伴。在孩子没有过多压力并且拥有愉快心情的时候，才会允许父母陪伴自己学习。当孩子看到父母带着爱去关爱特殊孩子的家庭时，会从心底里欣赏父母的爱心。而孩子的心中也会更具安全感和优越感，并且会学着用爱去接纳特殊人群。当孩子心中常常想起这些特殊的孩子时，在面对失败挫折时，便不会那么容易自卑，更不会像某些脆弱的孩子那样自寻短见。

因为孩子知道，身边有一群比自己艰难许多、各方面条件都差很多的孩子，他们都在克服重重困难，在艰苦的环境中生活和学习着，而自己的困难与特殊孩子的困难相比，就显得微不足道了。这些特殊儿童的伟大父母会教会我们如何凭借耐心、坚持以及无条件的爱来支持孩子的成长。

这些品质对于所有父母而言都是无比宝贵的，它们能够帮助我们理解并接纳孩子的独特性，无论是身体上还是性格上都需要给予特别的照顾和理解。关爱这些特殊家庭，不仅是对他们的帮助，更是我们自己成为更好父母的宝贵机遇。

让我们携手以爱心与行动关爱残疾儿童家庭，为他们送去希望的曙光，为我们的社会注入温馨的气息，为这个世界铺设一条更为明亮、宽广的康庄大道。

潘晓红

以教育之光照亮孩子的未来

正高级教师，省级物理学科带头人
写作爱好者，终身学习践行者
学科教育、家庭教育指导者

28载教坛生涯，我一直秉持着**“择一事终一生”的执着专注、“干一行钻一行”的精益求精、“偏毫厘不敢安”的一丝不苟、“千万锤成一器”的卓越追求行事。**

一路走来，我从一名初中教师成长为高中教师，从普通班的班主任跃升为尖子班的领航者；从初为人师时对学生的提问心存畏惧，到如今鼓励他们勇于质疑，敢于探索；从最初的照本宣科式教学，转变为灵活运用教材，启迪思维；关注点从单纯的知识积累，扩展至培养学生终身学习的意识和能力；教育目标也从单一的追求学生成绩的提升，升华为致力于将学生塑造为有思想、有精神追求的独立个体，而职业认知更是由将其视为谋生之道，转变为对教育事业的无限热爱与终身追求。

28年的辛勤耕耘，不仅让我在教育的田野上收获了累累硕果，更让我深刻体会到了教育的真谛——

“教育是一棵树摇动另一棵树，一朵云推动另一朵云，一个灵魂唤醒另一个灵魂。”

我出生在乡村，幸运的是父母开明，并未因我是女孩而不让我上学。我深知，唯有读书才能摆脱那日复一日围着灶台转的宿命，因此我刻苦学习。然而，命运似乎总爱与人开玩笑。在我高考前夕，省里出台了一项省内师范院校4月提前招生的政策，且恰好不考我薄弱的思想政治那一科。在班主任的劝说下，我报了名，结果却以3分之差无缘本科。那一年高考题偏难，录取分数线破天荒地降低，许多平时成绩不如我的同学竟都考上了本科。当我手捧专科录取通知书时，泪流满面，满心的不甘与遗憾。然而，家境的拮据使我无法复读，只能踏入专科校门。但我没有放弃，图书馆成了我的精神家园，而课余时间我则去做家教，以减轻父母的负担。同时，我还自学了本科课程，并在专科毕业之际，顺利拿到了自考本科的毕业证书。

这段经历让我更加坚信，只要心中有梦，无论遭遇多少挑战与困难，都能找到属于自己的那片天空！

01. 初为人师，倾心授业

大学毕业后，我踏上了县里偏远乡村初中的讲台。面对孩子们的顽皮与厌学，我心急如焚——我深知学习是他们改变命运的钥匙。因此在课堂上，我引领学生们用日常物品巧妙设计实验，让他们亲身体验科学的奇妙，点燃他们对未知世界的好奇心和探索欲。对于难以现场操作的实验，我则精心制作教具，借助全校唯一的那台古老投影仪，将知识投影于黑板或墙面上（学校没有屏幕）。

我常向孩子们描绘大学生活的多彩与外界的广阔，激发他们对未来的无限憧憬。课后，我细致批改作业，利用课间时间面对面指导，耐心纠正错误，引领他们走向正确的学习之路。每次测验后，我都会根据每名学生的答题情况，用心写下个性化评语，提醒他们成绩只代表过去，重要的是吸取教训，并以积极的态度对待学习，不断追求更高的目标。这样的互动不仅加深了师生间的信任，更在孩子们心中种下了坚韧不拔、持续学习的种子。渐渐地，孩子们对物理的热爱日益增长，成绩显著提升，中考时更是有两名学生满分夺冠，物理平均分荣登全县榜眼，为我初为人师的征程，添上了浓墨重彩的一笔。

02. 勇迎挑战，超越自我

因教学业绩斐然，我在工作的第3年便被调入县城高中任教。高中的教学既是挑战，也是实现自我飞跃的宝贵机遇。面对高中学生，起初我心存忐忑，唯恐自己不足以引领他们前行。为此，我广泛收集教辅资料，深入研究教材，大量刷题，积极向资深教师请教。历经3年的不懈努力，我已然能够游刃有余地驾驭高中教学。然而，随着课程改革的深入，我意识到仍需不断攀登新的高峰。于是，在2006年我毅然决定报考东北师范大学的教育硕士。

备考期间，我身兼数职，既要担任高二物理备课组长，又要管理班级，还要教授3个班级的课程，时间尤为宝贵。尽管如此，我仍坚持每天陪伴学生至晚自习结束（晚上10点），之后方才回家继续学习至深夜，甚至多次因投入学习而忘却时间，直到凌晨才睡。我随身携带英语单词本，无论是在路上行走，还是在餐厅等待上菜的间隙，我都会背单词。

尤为难忘的是，在去考试的前一天，我接到了讲市级电教课的紧急任务，讲课时间是第二天上午。面对这一突如其来的挑战，我加班加点备课制作课件，直至凌晨三点半才睡。次日，上午顺利完成电教课，下午便马不停蹄地赶往考场。回来后，得知电教课获得高度评价，并被选中在市教育电视台播出，心中满是欣慰。同时，我也以全省第三的优异成绩考入了东北师范大学，开启了为期两年的深造之旅。通过学习，不仅拓宽了我的教育视野，更新了教学理念，也使我的教育思想和教学方法实现了质的飞跃，业务能力显著提升。

03. 精研教学，独树风格

王栋生老师在《不跪着教书》中说："要让自己的学生出色，教师必须出色。教师没有信仰，没有精神追求，他的学生很难成为站立起来的人。"

2009年第一次看到这句话，我被深深触动了，自此我矢志成为一名富有精神追求的教育者。

追溯教育的本源，其拉丁语educare意指“引出”或“导出”，即唤醒潜藏于学生心灵深处的力量。我深信，教育非单纯的灌输，而是启迪心智、激励成长的旅程。因此，我深研新课程理论，广读教育名家之作，并紧密结合教学实践，逐步构建起“以物讲理，见物思理”为核心的教学观。“物”是具象的载体，是实物或经验；“理”则是背后的逻辑与真理。这种教学方法正是契合教育真谛的实践，能够促进学生从形象思维向抽象思维跨越，提升他们的思维能力；能够引导他们将知识转化为行动的智慧，使他们成为有思想、有追求、有独立自主能力的新时代青年。

教学实践中，我精心设计课堂导入，或借诗意情境，或设趣味实验，或提生活问题，激发学生兴趣，如讲《电场强度》时引入仓央嘉措的诗《见与不见》，让学生在诗意中感受电场的存在；讲《加速度》时，则通过生活实例引发思考，让学生在讨论中领悟加速度的概念。

此外，我还指导学生建立物理模型，化繁为简，将复杂问题拆解为熟悉的模型，运用模型规律解决问题，使物理学习变得轻松高效。在这些过程中，学生不仅掌握了知识，更学会了如何学习与思考。

04. 赏识激励，特色管理

初任班主任时，我用勤勉与严格管理来维持班级秩序。为了自我解放并培养学生的自主管理能力，我开始深入探索班级管理的艺术。通过阅读孙维刚、魏书生等教育大家的著作，并结合自身实践，我逐渐形成了独具特色的人文化管理模式，其核心在于用爱与赏识激励学生，唤醒他们的潜能。

每逢高一新生入学，我首先会组织一场《我理想的班级》主题班会，让学生们自由表达对未来班级的憧憬。随后，基于学生的共同愿景，我们召开《如何形成理想班级》的班会，共同制定《班级管理公约》，内容涵盖生活、学习、言谈举止等方面，既有明确的规范，也有相应的奖惩措施。学生之间相互监督，班级干部各司其职，而我则扮演总舵手的角色，引领班级前行。

我引导学生每天早上制定“今日任务清单”，将目标明晰地写在便利贴上，贴于课桌显眼处。每完成一项任务，便在清单上做标记，以此激励自己，确保“今日事今日毕”。这一习惯不仅提高了学生的学习效率，更在潜移默化中培养了他们的时间管理和规划能力，使他们为终身学习奠定了坚实的基础。

寒暑假期间，我鼓励学生阅读书籍，撰写读书笔记和读后感。开学后，我们召开读书分享会，学生们在交流中碰撞思想，拓宽视野。此外，我还利用晨读、晚读时间和班会课，或朗读励志文章，或引导学生就时事热点发表见解，或组织英语情景剧表演，并将精彩瞬间录制下来分享给家长，营造家校共育的良好氛围。

面对日益凸显的学生心理问题，我引入了“每日复盘”制度，鼓励学生记录当日所思所感，进行自我反思。正如魏书生老师所言：“写日记是一种道德长跑。”复盘亦是如此，它不仅能帮助学生整理思绪，还成为我了解学生内心世界的重要窗口。我细心阅读每一篇复盘，并用文字传递我的关爱与鼓励，搭建起一座座心灵沟通的桥梁。

记得班上曾有一个内向的孩子，总是戴着口罩，难以融入集体。通过复盘交流，她逐渐走出了自己的世界。在她的复盘中，我看到了变化：“这一周，我开始以积极的心态面对生活，尝试主动与人交流，虽然仍有不适应，但改变的感觉真好。”一年以后，她开朗了许多，口罩也悄然摘下了。

赏识教育如同温暖的阳光，照亮了孩子们的成长之路，让每一颗心灵都能在爱与关怀中茁壮成长。

初心不与年俱老，奋斗永似少年时。愿以我之微光，照亮孩子们的星辰大海。

婷然

与孩子共同成长，在爱与学习中寻找育儿真谛

自由撰稿人/写作教练

中国太平人寿保险公司培训讲师

《了不起的发光女孩》合集作者

曾听闻这样一句话：“**推动摇篮的手，也是推动世界的手。**”当我们成为父母的那一刻，便毅然肩负起了塑造未来的神圣重任。孩子的成长，宛如一部扣人心弦的精彩电影，每一帧画面都满溢着未知与惊喜。

从儿子嘟嘟一岁时那如星辰般明亮璀璨的眼眸，到如今六岁即将踏入小学的门槛，这段旅程中，有欢笑恰似春日暖阳般温暖，有泪水仿若秋雨微凉般惆怅，有温柔呵护如同微风拂面般轻柔，亦有情绪波澜恰似海浪汹涌般澎湃。但正是这些丰富多彩的经历，促使我们在育儿的道路上持续探索，更加坚定地陪伴孩子迈向终身学习的远方。

而终身学习，绝非仅仅是孩子的任务，更是我们作为父母的使命和担当。在孩子成长的每一个阶段，我们都应以爱为醇厚底色，以学习为灵动画笔，齐心协力共同描绘出绚丽美好的未来画卷。

身为一位85后职场宝妈，我亲历了嘟嘟从一岁时的懵懂初遇，到两岁叛逆期的艰难挑战，再到初上幼儿园的努力适应，以及如今面临辅导作业时的几近崩溃。然而，每一个阶段都无疑是我们与孩子共同成长的珍贵契机。我在陪伴孩子的漫漫过程中，不断寻觅育儿的真谛，奋力成为孩子成长道路上的良师益友。

01. 婴儿初成长：在挑战中培养自主性，在叛逆中寻找自我

当嘟嘟一岁时，他那清澈无邪的眼神和纯真灿烂的笑容，如同天使降临，给我们的生活带来了无尽的喜悦和希望。他每一个成长的瞬间，都是我用心记录的宝贵记忆。他的第一次翻身、第一次迈步，都是我们家庭中的小小奇迹，让我深刻体会到生命成长的奇妙与力量。

然而，随着嘟嘟步入两岁的叛逆期，挑战也随之而来。每晚的哄睡变成了一场意志的较量，他无数个“不”字如同利剑，挑战着我的耐心和智慧。我曾试图用各种方法让他屈服，却发现这只会让我们的关系更加紧张。在深夜的反思中，我逐渐觉醒，意识到嘟嘟的叛逆并非无理取闹，而是他在寻求独立和自我表达的方式。这一刻，我学会了放下控制欲，去真正理解孩子的内心世界。

心理学家阿德勒曾说：“孩子的首要目的是追求归属感和价值感。”我开始尝试与嘟嘟进行有效沟通，不再是单方面的命令与要求，而是倾听和理解。我发现，当我给予他更多的选择权和自主权时，他反而变得更加合作。这种觉醒让我学会了尊重孩子的个性，也让我在育儿的道路上迈出了坚实的一步。

随着嘟嘟渐渐长大，他开始展现出对世界的好奇心和探索

欲。在培养他的自主性方面，如厕训练成了我们共同面对的挑战。起初，我试图通过不断地提醒和指导来帮助他，但效果并不理想。我很快意识到，我需要给他更多的信任和空间，让他自己去尝试和犯错。通过鼓励和赞美，嘟嘟在这一过程中逐渐建立起自信，学会了自我管理。

当嘟嘟初上幼儿园时，那不安与恐惧的眼神，让我心疼不已。但我和嘟嘟爸爸陪伴着他，度过了这个艰难的适应期。我们鼓励他结交新朋友，参与各种活动，让他在这个新的环境中逐渐找到自己的位置。在这个过程中，嘟嘟逐渐变得独立和自信，仅用了一个月时间就完全适应了幼儿园的生活，展现出了巨大的勇气和适应力。

这些经历，不仅教会了嘟嘟生活技能，更让他体会到了自主学习的乐趣，为未来的终身学习奠定了基础。**在孩子成长的旅途中，我们作为父母，不仅是引导者，更是学习者。**我们从孩子的叛逆中学会理解，在挑战中培养耐心，在共同成长中发现育儿的真谛。正如泰戈尔所言：“使卵石臻于完美的，并非锤的打击，而是水的且歌且舞。”**我们的耐心与陪伴，便是那滋养孩子茁壮成长的温柔之水。**

02. 从怒吼到和风：辅导作业中的情绪修行

随着嘟嘟步入幼小衔接的阶段，我们家又迎来了新的挑战——辅导作业。原本温馨的家庭氛围，时常被作业的重压所取代，我的焦虑和嘟嘟的不配合交织成一首不和谐的乐章。每当夜幕降临，书桌前的嘟嘟和我，都仿佛置身于一场无形的战场。

我成为那个孩子稍有拖拉就怒火中烧的母亲，我的吼叫声在空气中回荡，孩子的惊恐和无助，成为我内心深处难以抹去的痛。

面对孩子的眼泪和日渐抵触作业的心，还有嘟嘟爸爸的极度不满，我才猛然反思：我究竟怎么了？那个一直说“要给予孩子无条件的爱”的温柔妈妈跑到哪里去了？

这个自我质疑的时刻，成为我转变的起点。我开始自救，开始从读一本经典书籍《论语》开始。孔子的智慧如同一盏明灯，照亮了我心中的迷雾，让我开始以一种全新的视角来看待育儿的挑战。

我开始深度学习《论语》，并每日在社群中解读分享，在孔子的智慧中寻找教育的真谛。经典的力量悄然渗透进我的心灵，让我开始反思自己的行为和态度。在一次辅导作业时，我感到自己的心跳开始加快，焦躁感再次涌上心头。但这一次，我选择了深呼吸，告诉自己："冷静，再冷静。"当嘟嘟写错时，我没有立刻发火，而是在心里默数三下，然后用最温柔的声音对他说："没关系，我们一起来看看这个拼音是怎么拼的。"孩子那惊讶的眼神，让我深刻体会到，**育儿是一场与孩子共同成长的旅程**。

在不断地自我探索和学习中，我还接触到了霍金斯能量等级理论，它如同一把钥匙，开启了我对情绪深层次理解的大门。我开始认识到，情绪并非无根之水，而是源自我们内心深处的能量波动。我的愤怒和不满，这些情绪的波动，其实是心底那个小声音在作祟，它们悄悄地告诉我："你有权生气，生气是为了孩子好。"但这种情绪的宣泄，并不能解决问题，反而可能伤害到孩子，让我远离了初衷——以理解和爱引导孩子成长。

面对这些情绪，我们需要勇敢地正视它们，就像海明威所言："勇气是压力之下的优雅。"我们必须学会驾驭自己的情绪，不让它们成为阻碍孩子健康成长的暗礁。

在辅导嘟嘟的作业中，我们逐渐学会了如何在挑战中培养耐心，如何在压力之下稳住情绪，如何在反思中觉醒自我。我们相信，陪伴嘟嘟的每一步，都是用爱和智慧铺就的道路。正如诗人纪伯伦所写："你们是弓，你们的孩子是从弓上发出的生命的箭矢。"**我们的角色是支持和引导，而非塑造和控制**。我和他爸爸会陪伴嘟嘟，让他在成长的道路上勇敢地面对每一个挑战，快乐地享受每一次学习。

03. 迈向终身学习：与孩子携手共进的成长之路

陪伴孩子成长的旅程，是一段不断探索和领悟的过程。我逐渐认识到，**教育远不止于知识的传递，更深层地，它是一种智慧的点燃，一种灵魂的滋养**。作为父母，我们的角色是孩子的引路人，是他们从纯真的童年出发，向知识的广袤世界航行的舵手，帮助他们成为对世界充满好奇、对知识充满渴望的终身学习者。

在这个过程中，我们发现并实践了一些方法，它们不仅对嘟嘟的成长起到了积极作用，也许能为同为宝妈的读者们提供一些启发和参考。这些方法源于我们与嘟嘟的日常互动，是我们共同成长道路上的宝贵经验：

培养自主性，激发内在动力

我们鼓励嘟嘟自主探索，无论是选择玩具的颜色，还是决定阅读哪本书。例如，当嘟嘟对地理产生兴趣时，我们没有直接告诉他国家或城市的名字，而是提供了地球仪，引导他自己去观察，去发现。这样的自主探索，激发了他内心的学习动力，让他体会到了探索的乐趣。

以身作则，共同学习

作为父母，我们也会在孩子面前展示学习的态度。我们一起阅读，一起讨论书中的故事和知识，还经常给他讲我工作上的事情。在嘟嘟学习新概念时，我们会一起查找资料，一起解决问题。这种共同学习的过程，不仅加强了亲子关系，也让嘟嘟看到学习是一个不断进步的旅程。

鼓励创新，赞美尝试

要赞赏孩子的每一个创新尝试，哪怕结果并不完美。记得嘟嘟第一次尝试用积木搭建复杂的模型时，虽然最终没有成功，但我们依然赞美了他的创造力和坚持。这种鼓励，让嘟嘟明白，尝试本身就是一种成功，是学习过程中不可或缺的一部分。

培养习惯，注重过程

时刻注重培养孩子良好的学习习惯，如定时复习、专注完成任务等。但我们也教会他，学习的过程比结果更重要。在嘟嘟学习拼音时，我们更关注他是否能够享受学习的过程，是否能够通过学习培养出解决问题的能力。

尊重个性，支持选择

尊重孩子的个性和选择。当他对某个领域表现出浓厚的兴趣时，我们会提供支持和资源，让他能够深入探索。我们相信，每个孩子都有自己独特的学习路径，尊重他们的选择，是帮助他们成为终身学习者的关键。

孩子的成长是一部永不停歇的史诗巨著，而我们作为父母，便是这部史诗的精心创作者与忠诚守护者。在与孩子共同成长的征程中，我们深刻领悟到终身学习的力量。我们学会用爱去包容，用持续学习去引领孩子前行。每一个瞬间都是珍贵的回忆，每一次挑战都是迈向终身学习的机遇。

终身学习，如同永不凋零的花朵，在孩子的成长之路上绽放绚丽光彩。让我们以坚定的信念和无尽的耐心，陪伴孩子走过人生的每一个阶段。如同泰戈尔的诗句所云："我相信自己，生来如同璀璨的夏日之花，不凋不败，妖冶如火，承受心跳的负荷和呼吸的累赘，乐此不疲。"我们在育儿的道路上，要与孩子一起如夏日之花般绚烂绽放，以终身学习为动力，共同迈向充满希望的未来。我们要让终身学习成为家庭的主旋律，与孩子一同在知识的海洋中遨游，不断探索未知，不断成长进步，共同书写属于我们的精彩人生篇章。

Lydia 郑佳慧

用孩子这面镜子，映照无怨无悔的相约之路

脑心身健康管理师
上海三合院能量舒活中心联合创办人

在成为母亲之前，我已经开始探索“这一生我为何而来？”的答案。带着这份探索的热情，我常常问自己：“如果有了孩子，我有能力让他们运用自己最独特的天赋，无畏无惧地畅游于生命之海吗？”成为妈妈后，这个问题让我意识到，“与孩子一起重新成长”将是我人生中最重要的任务；与孩子的互动是我重新审视和觉察自己信仰与价值观的过程。这段旅程，其实是孩子引领着我启航。

01. 小小心愿

学生时代，我便养成了书写心灵札记的习惯。前不久，翻阅起自己作为新手母亲时的一篇手记，回忆起那时的心情，依然历历在目。记得当时大学同学打电话给我，兴奋地向我介绍她刚满月的儿子。我问她：“对宝贝有什么期望吗？”她毫不犹豫地回答：“健康快乐就好！”

挂掉电话后，我回想起怀孕时自己的心情。那时，我对肚子里的生命只有一个最大的希望——完好无缺。然而，随着预产期的临近，我不禁越来越担心。尽管产检一切正常，我仍无法抑制那份恐惧。直到宝宝出生后，听到她第一声哭泣，我才真正松了一口气，心中不断重复着：“只要你健康、快乐地长大就好！”

但随着孩子渐渐长大，许多父母忘记了当初那个小小的心愿，反而不断增加新的期望。希望他们快点学会走路、跑步，希望他们精通音乐、能讲流利的英语……总之，不希望他们输在起跑线上。于是，原本简单的愿望逐渐被遗忘，孩子越来越不自信，甚至难以分辨真正的快乐是什么。

所以，我一直自问，能不能回想起孩子刚生下来时，我对她的小小盼望？能不能不和别的孩子比来比去，而让她自己去体会真正的快乐是什么？是不是对她没有期望，她年龄越大，就会跟我越像朋友？

02. 晴天霹雳

在妹妹快两岁时，生活突遭巨变。孩子的爸爸因为工作上的重大挫折，身心俱疲，提出了一个无理的方案：他希望能不背负婚姻的包袱，在同一屋檐下共同抚养孩子，继续生活。我当时自信满满，认为凭借心灵成长的经验，我能帮助他重拾家庭的温暖。于是，我签下了离婚协议。然而，现实却击碎了我的梦想，敌不过他自己内在孩童受伤的阴影，他最终选择放弃一切，悄然离开了家，音讯全无！

经过一段时间的寻找、等待与失望，满怀愧疚的我看着两个熟睡的孩子，心中充满疑问：我还能完成那份小小的心愿吗？我还能带着她们无畏地前行吗？

03. 为母则强的心灵成长之旅

由于从事心灵探索，我深知许多人的创伤源于童年时期父母的无心之举。与一些单亲妈妈互动时，我经常看到她们在母兼父职的辛苦以及对另一半的背叛愤怒中，表现出许多对男性的恨意和鄙夷。虽说都是情有可原的，但我不禁深入思考，在这样家庭长大的孩子，是否会在“男人没有一个是好东西”或“婚姻根本不可信赖”的谬思里，失去了享受人生、勇敢投入爱情的勇气？抑或在缺乏父爱或母爱的情形下，认为自己是父母生命中令人恼怒的绊脚石？

我带着这份省思，明白唯有不带着恨意，反思内在的价值观，并且全心全意地实践着这份小小的心愿，才可以让孩子不落入自恨、自卑的窠臼。带着孩子一路成长的旅程，成为我一路照见自己的闯关之旅！

因为秉持着“小小心愿”的初衷，孩子跟我的互动成了时刻都能觉醒、省察的进行曲！告诉孩子，爸爸虽然不在，但我们可以在自足的天地里摘取最大的幸福！最感激的是，因为知道**心灵的平静是生命旅途中最重要的罗盘，而情绪的关照和流动才是心灵平静的指南针**，所以，不论实践或尝试哪一种教养理论，我都坚守着“关照情绪”的法则。女儿们可以和我一起哭、一起笑！

我可以在性格火暴的妹妹答应陪姐姐去书店却食言后，让妹妹大声哭着说“妈咪坏坏”，然后在她终于宣泄完情绪之后，紧紧地抱着她，跟她说声“对不起”；我可以在性格内敛的姐姐刚进入初中时，因为对新班级不适应，在连续哭了三天后，让她用“眼睛好肿”的老招数向老师请假，只为了让她明白，我相信你，我支持你，你值得我照顾你的情绪，倾听你的需要，而我也值得你履行对我的承诺，一如既往继续好好上学，对自己的前途负责。

在孩子的身上，我照见了情感可以被好好照顾而无须被压抑的喜悦，我照见了不必为了迎合外界眼光而委屈自己，更因为坚守着“不论你是什么样子，我都爱你”的信条，姐姐可以在初中同学面前因为“小塌”（指塌塌的鼻子和扁扁的如荷包蛋的身材）的绰号而自豪；妹妹可以大声地回答同学：“我爸爸不在家，可是我有妈妈、姐姐、外公、外婆，有好多好多人爱我！”

04. 爱，原来可以这么简单

为什么说与孩子一起成长是重要的重生之旅？因为，以孩子的视角来看，父母的相处模式，是他们人生眼见为凭的第一段亲密关系；父母如何和孩子互动，是他们亲身感受的首场情绪戏码。依照大脑神经科学的说法，孩子的大脑在两岁之前主要发展情感脑，而理智脑直到20岁左右才成熟。因此，教养孩子首先要学会讲情，再学会讲理。人生的大道理，在他们往后的日子里，随时都有大人、书本、环境去教育，作为妈妈的我，首要责任就是照护他们的情感和情绪。这一点，我得感谢我的父母，他们在我年幼时抚慰和关怀我，在我叛逆时包容和理解我，甚至当我从婚姻的失败中伤痕累累地回到家时，他们二话不说地为我和孩子铺好房间的被褥。原来，在他们身上，我早已被种下了小小心愿的种子。所以，在孩子的身上，我实践起来竟是如此自然！通过孩子这面镜子，我发现我可以无所求地爱她们，就如同我的父母可以无条件地爱我一样；我发现不论是生气、开心还是悲伤，都是可以表达出来而不会被评价和扭曲的；我发现情感被了解之后，只需要一点点引导，自然会有办法解决信心受挫的问题。我还发现：**爱，原来藏在全心理解的释然里；爱，原来流动在对孩子极致的了解和欣赏中；爱，原来可以这么简单。**

05. 感恩与祝福

在孩子已经长大独立的这一刻，我想节录两段我离婚后写的一篇感恩札记，作为一路陪伴孩子终身学习的重要回顾。

我愿，每个孩子都平安幸福、知足，知道感恩，知道他们是如此的被接受和被欢迎；父母永远青春不老、童心未泯。每个宝贝与父母好好完成专属于他们的生命旅程。父母永远是孩子的好朋友、避风港，所以孩子不怕跌倒、不怕困难；所以孩子懂得帮助别人不怕跌倒、不怕困难。

我愿，让孩子无惧、自由自在地表达情绪。让情绪成为孩子的工具，父母了解孩子的利器。所有孩子天天快乐、时时满足，遇到挫折，当成幸福；遇到瓶颈，努力克服。所有的宝贝热爱父母、互相提携、互相帮助。所有的父母珍惜这份上天的礼物。因为有缘，才能聚足；因为聚足，更要惜福。

看着这篇札记，回首来时路，我欣喜地看着她们乘着“了解自我、自信自重”的风筝向远方飞去，我知道这条牵引着她们的线并没有因为父亲的缺席而断过！突然想起有次和女儿们在房间里，请她们为我这个母亲打个分数。姐姐俏皮地拿起手机，将我和她们的联络群组名改为“史上最相爱母女三人”。我们三人相拥而笑，就是这几个字，让我清楚地明白，人生这条河流，时宽，时窄，时急，时缓；不论清浊冷暖，与孩子一路无怨无悔地相知相惜，是我最大的幸运和幸福！

我会继续以此文自勉，并向所有一路护持孩子的父母说一声：让我们携手同行，在陪伴孩子终身学习的成长列车上，感恩相遇！

Luna

做母亲是一场修行

高级精力管理教练、生命能量管理师
《了不起的时间管理》《了不起的精力管理》的作者
Luna成长学院创始人

2024年8月12日星期一，我在上海的酒店起床后写下这篇文章。宝宝已经一岁一个月零15天了，这是宝宝出生后我第9次出差工作。上周五晚上为了能陪宝宝多睡一晚，周六一大早来上海开的线下营，昨天晚上10点结束工作，洗漱、吸奶，睡觉时快12点了。今天早上4点起床吸奶，然后就睡不着了，躺到6点，索性起来工作。

你如果问我辛苦吗？我会回答“还好”，偶尔身体会疲惫，但也谈不上累，因为这是我自己的选择，我深知做母亲意味着什么，我也知道我要付出什么。我认为“累”与“身体疲惫”之间隔着一颗“心”。此时此刻的我，早已经不是一年前的我，你如果问我这一年发生了什么，虽然谈不上“轻舟已过万重山”，但也算得上脱胎换骨了。做母亲的这一年，就是不断修行的一年。

01. 生孩子后，我看见了真实世界的另一面

2023年6月28日是我儿子出生的日子，6月27日夜里11点我开始宫缩，但是并不规律，老公认真地举着手机记录到了凌晨2点多，他说先休息一下，不然没法开车。我自己举着手机半眯着眼睛躺着数数，大概4点我们决定出发去医院。4点41分，我在西

溪湿地附近的路上拍下了清晨的阳光。到了医院就直接被留了下来，后面很顺利地上了麻药，顺产1小时左右生下宝宝。我自己的专业就是关于健康领域的，所以孕期自己的运动、孩子的体重都控制得比较好，再加上我孕晚期就开始给自己催眠“超快顺产无侧切无撕裂”，所以整个过程非常顺利，生完宝宝我就在产房给自己点外卖了。老公给我找的月嫂非常称心，月子做得完美，儿子可爱，老公陪伴，月嫂给力。

然而故事不会一直这么下去，我的焦虑开始于2023年8月初，月嫂就要下户了，我该考虑找育儿嫂了。于是我开始找中介面试，刚开始我的预算是9000~10000元，面试了几周之后，我发现这个区间的育儿嫂真的不符合我的要求和期待，于是被迫将预算上调到12000元。最终花了两个多月时间，才找到一个相对符合心意的育儿嫂。我找过七八家中介，看过100多份简历，面试过30多个人，我老公在出差的路上，中午吃饭的时候，晚上下班后都在面试，我也躲在家中厕所里面试过。这期间我有过无数次的希望、失望、失落，甚至绝望。或许是因为我自己大学毕业后投简历找工作，在海外求职都过于顺利了，以至于显得这个过程特别磨人，而且打破了我很多认知。比如，有一个面试时带给我很多好感的小姐姐，我已经给她订了机票，中介给我提供简历的时候我才发现，她身高160厘米，体重居然有200斤！我真的大吃一惊，谁让自己当时没有看清这条信息呢，我对她的健康状态产生担忧，只能自认倒霉了。还有一个人也让我印象深刻，我有心理学背景，对识人还是有点自信的，潜意识、意识、心理学甚至闻声识人都略知一二，可是这个人在试用期刚开始的时候话说得那叫一个漂亮，句句说在你心坎上，勤快，有眼力见儿。后面相处下来却发现并非如此，各种偷懒，洗澡磨蹭，在厕所里面偷偷打电话、看视频，不好好给宝宝做被动操，最严重的问题是不专业。这件事又给我上了一课，原来我以为的只是我以为的，我以为我只要照顾好宝宝的心理需求就好，事务性的照料任务交给育儿嫂就好了；我以为花钱就可以找到合适的人；我以为找育儿嫂会和找月嫂一样顺利；我以为我对人家好，人家自然就会对宝宝好……这一课真的让我瞬间清醒了很多，让我看到了我对世界认知的贫瘠，学到了人生宝贵的一课。

02. 妈妈更要爱自己

10月4日迎来了育儿嫂之后，我的日子算是好过了一些。之后我逐渐投入工作，这个时候我迎来了另一个功课——爱自己。“妈妈”这两个字虽然轻飘飘的，却需要太多的能力、认知储备以及能量。当我意识到这一点后，我就开始补课，一边工作，一边带娃，一边学习。这个任务量是可想而知的。宝宝睡觉的时候我要补充育儿方面的知识，他醒了以后陪他玩儿。育儿嫂要做两顿饭，我们共同陪娃2~3个小时。晚上宝宝睡后我去工作，等到他喝第一顿夜奶的时候，大概10~11点，我再回屋和宝宝一起睡觉，后半夜孩子夜醒两三次。可想而知我的工作量有多大，身体有多么疲惫。这个时候扑面而来的负面情绪就是对老公的抱怨：凭什么他下班后可以和同事进行社交活动，不回家带娃，不做家务，周末休息了可以睡懒觉不起床，每次带娃不超过30分钟就喊“孩子找妈妈了”（据说这是大部分爸爸带娃的现状）。好在这些年的功底都在，我察觉到自己的情绪模式后迅速调整：我期待他多参与带娃，那就向他求助；他带娃能力不足，就想办法补足和创造条件；学习给宝宝做抚触操，借力睡眠咨询师调整宝宝的作息；我也允许自己犯个懒，累了就把孩子交给育儿嫂，自己休息一下，睡个午觉。

也许是因为宝宝在女人肚子里面待了10个月，也许是天然的激素原因，女人天生就更容易为了娃而压榨自己，更容易不断地“耗电”，直至身体和情绪都负了债，然后以丑陋的方式表达情绪，弄得自己面目狰狞。这个时候男人的休息、调整、放松就显得那么刺眼，造成了妈妈们的心态失衡。我的经验是一定要学会给自己充电，让自己电量满满地活在各种身份里，如妈妈、妻子。在电量低的时候我们可以做自己，不要被任何角色绑架，这样才能在各个角色之间切换得游刃有余。我们可以暂时把自己放在最后，但是一定不要习惯性地忽视、压榨自己，爱自己始终是做好各个角色的关键。

03. 隔代育儿矛盾大爆发

如果说育儿嫂让我对这个世界的认识多了一点，爱自己是我做妈妈后最大的领悟，那么折磨我最久的就是和母亲的相处方式。

2023年8月底，妈妈从北京来帮我带娃，同年11月的时候她回北京休息了一个月，其余的时间基本上都在陪着我。虽然说前面也有摩擦，但是问题都不大，无非是与月嫂的冲突，以及成年人之间的一些摩擦。对我来说都不是什么大事儿，也都可以很快调节。

真正让我苦恼很久的，要从我2024年2月带宝宝全职上早教说起，我深知0~3岁是宝宝成长过程中非常关键的时期，这个时期是培养孩子的心智系统、自尊、自信、内在安全感的关键时期，我比谁都在乎，我产后100天就开始工作，为的就是上半年我可以抽空陪陪孩子。这个时候孩子开始自主进食了，其自我意识的崛起对我母亲的惯性和性格提出了极大的挑战。比如说，孩子自主进食时必然会把饭弄得地上、身上到处都是；吃得慢了，饭会凉。用母亲的话说，就是“看着脏乱差，一脑门子官司”（意思就是烦），然后就会很直接地发泄情绪。虽然我也想了各种办法让母亲上课学习，可是她的惯性过大，时好时坏。又比如，孩子想做什么事情，我母亲不让，孩子哭了，她就会直接妥协，或者转移注意力哄他，这就更让我不爽了，在我的认知里，孩子其实是处理不了这种情况的，你一会儿让他这样，一会儿又不让，孩子哭了再用转移注意力的方式压抑孩子的情绪。孩子被压抑的情绪都会进入潜意识，并不是不哭就行了，这些情绪都会在未来的某一刻以各种形式表达出来。我认为这是很严重的事情。如果我不表达，孩子看到的是一个懦弱的母亲；我若表达，任何我妈妈理解不了的价值观都会引起她更大的抵触情绪，这种环境对宝宝来说是不好的，也不是我想要的。总之，就是一种怎么都不对的感觉，一种深深的无力感：我学习了那么多，付出了那么多，就是为了给宝宝提供一个比较好的养育环境，怎么就变成这样了？

好在我是那种行动力很强的母亲，并不会在一个状态里面沦陷太久，我决定主动去学习和请教。经过两三个月的反复琢磨，我对自己的情绪有了更深的理解。在情绪层面，我有未处理完的情绪，有对妈妈小时候控制过我的愤怒。在认知层面，我觉得妈妈这样对待孩子会产生很不好的影响。其实我当时并没有意识到，只要我做对了，宝宝是可以拿到礼物的。此外，在心理层面，还有我对育儿这件事的完美主义心态在作怪，习惯在职场上拿结果的我，竟然拼尽了全力也只能给宝宝营造一个不那么完美的养育环境，我也只是一个60分的母亲。在这个过程中，我越来越平和，也越来越稳定。

当妈一年，我学会了八面作战，学会了爱自己，也学会了接纳——接纳自己会拿不到结果，接纳我可能只能做一个60分的母亲。当然，未来我可能还会遇到别的问题。我只能说生命不息，学习不止，在当母亲的这条路上，持续成长始终是每个女人实现幸福人生的唯一解决方案。

高千然

反思的爱：看见自己、看见孩子

中国青年书法家协会会员
徐州市书法家协会会员

“哇……”

护士长说：“声音太大了，带出去吧。”

2016年9月24日，伴随着一阵啼哭，我的孩子出生了，因为是双子宫宝宝，孕期的艰难可想而知，所以我格外珍惜这个孩子。为了留住这段美好的时光，从坐月子开始，我每天都记录下孩子成长的点滴。

如今的他已经8岁了，在上小学之前已经阅读了459本绘本，思辨能力特别强，轻松通过了编程一级考试。我和孩子是无话不谈的好朋友。有朋友说，你对孩子真有耐心，是我的榜样。很多人都认为我是如此幸运，有那么体贴的老公，还有聪明可爱的孩子，其实以前的我并不是这样，经常会抓狂、伤心、愤怒、不安，直到我发现了学习的乐趣，把生活当作训练场，才有了今天的从容不迫。

01. 反思，在行动中修正

孩子3岁之前，我读了很多育儿书籍，听了好多育儿课程，对孩子真的是足够用心；孩子3岁之后，我自认为最艰难的时光已经过去了，可以放松一下了。

于是我在事业上投入了更多的时间，经常加班，把孩子托付给爷爷奶奶带，有时回来晚了就干脆不带了。

孩子上中班的时候，老师时不时会提醒我："你家孩子每天都那么开心，真好，只是上课纪律差点。"刚开始，我不以为然，心想孩子能开心成长就好，纪律方面的问题等他大一点自然会解决。

到了一年级的时候，老师突然连续几天给我打电话，原因有很多，如孩子在学校说脏话、跟同学打架、上课不认真听讲，不认真完成作业，甚至有厌学的倾向。

这一系列的反馈让我顿时紧张了起来，我意识到这件事情的严重性。虽说爷爷奶奶非常疼爱孩子，但是因为年纪大，对孩子的很多行为无比宽容，没有建立很好的规则意识，导致孩子不清楚哪些该做、哪些不该做。

有句话说得好：你现在偷懒，以后要成倍地还给你。育儿路上是没有任何捷径可走的。

反思之后，我迅速调整目前的状态，不再由爷爷奶奶接送孩子，我白天会尽快把工作处理完，晚上全身心陪伴孩子。周末，我克服加班、值班等因素，尽可能把孩子带在身边。

经过两个月的坚持，老师夸孩子有很大的改变，比如，通过了编程等级资格考试；在课堂上的表现由原来的"最差"变成"表现较好"；买东西能够遵守约定；吃零食的次数变少；能独立完成一张试卷，速度又快正确率又高；报的课程能够按时去上课；写完作业后把书包收拾好；热爱读书；对认字更感兴趣等。

一个人带孩子虽然辛苦，但是有规律。

我对孩子说：虽然我们目前的情况不是特别理想，也不是老师心目中的好孩子，但是我们比任何一个人进步的空间都大。当你处在低谷，无论往任何一个方向走都是上坡路。

02. 反思，改善情绪的法宝

记得在孩子6岁时，朋友小艾乔迁新居，邀请我带孩子去她家做客。

当我跟孩子聊天时，突然听到小艾对她的孩子大叫一声，我着实吓了一跳，赶忙跑过去，看究竟发生了什么。

原来小艾的孩子用铅笔在崭新的白墙上画了几道印子。孩子被训斥后生气了，跑到屋里关上了门。

晚上在回家的路上，我问孩子：你觉得小艾阿姨爱她的孩子吗？

孩子非常肯定地对我说：不爱。

这件事给我留下很深的印象。

孩子7岁的时候，有一次在他奶奶家突然表示不愿意回来，还跟爸爸说：我讨厌妈妈。

那一刻我非常难过。老公安慰我说：你就是有时候情绪不稳定，要管理好自己的情绪，教育孩子要掌握方式方法。

通过对这件事情的反思，我意识到情绪稳定的重要性，决定一定要改掉情绪化的毛病。

在这个过程中我认识到孩子是“本自具足”的，孩子的学习是模仿的过程，而不是听话照做的过程，他对待我的方式是我教给他的。当孩子出现问题时，如果一味地大吼大叫，孩子并不知道犯错的原因，反而学会了用吼叫的方式解决问题。

卡尔·荣格说：“当你的潜意识不能够变成你的意识时，那就是命运。”每一种负面情绪背后都有未被满足的需求，于是我开始写情绪反思日记，我发现自己的底层需求是：被看见、被肯定、有安全感。

有时我的语言看似平和，却带有命令、指责的口吻，这就是一种暴力沟通。批评、指责、抱怨等评判性的语言会蒙蔽爱的语言。

《遇见未知的自己》一书中说：“亲爱的，外面没有别人，只有你自己。”我真正体会到了这句话的含义。如果我有情绪，我应该对自己的情绪负责，而不是责怪他人，我要通过情绪看到需求。

这种需求别人给不了我，我就要自己给自己。

因此我学会了多放大自己的优点，肯定自己的做法，同时每天做需求冥想。

当我经常能给自己这样的需求后，生活中能引起我情绪波动的事就越来越少。现在如果遇到事情，孩子会用商量的语气跟我沟通，态度比以前平和了很多，他经常说：我喜欢现在的妈妈。

03. 反思，让我成为自己

樊登老师曾说过：“作为父母，我们能够做到最重要的事情是自己成长，活出自己的人生，然后关爱孩子，以他为荣，照顾他的安全和吃东西就够了，一个会做父母的人会非常轻松。”

曾经的我喜欢盯着孩子学习，孩子走神、不认真时我会及时提醒。我一直以为自己很尽责，可当我发现孩子在我不在场的情况下，并不主动学习时，我才意识到孩子没有内驱力。

曾经的我害怕拒绝别人，害怕不被他人喜欢，总是勉强自己去接受。

曾经的我总是一味地掏空自己，把他人的需求放在前面。有一段时间我格外关注孩子的需求，把他的需求放在首位，可我却开心不起来。在写反思日记的过程中，我意识到我总是忽视自己的需求。现在当我下班后意识到自己的需求是放松休息时，我会和孩子一起跑步、阅读。我自己快乐了，孩子也会感到非常开心。

记得前几年读《生命的不可思议》这本书时，胡因梦的母亲给我留下很深的印象，我害怕活成她那个样子。

胡因梦的母亲是个非常有才华的女子，家庭条件也不错，但是因为不会用正确的方式处理亲密关系，最后把自己的后半生消耗在麻将桌上，丢了婚姻和孩子。

当我明白了只有自己开心，才能带给孩子开心时，我开始把更多的注意力放在自己身上。

我利用早起时间进行冥想、法律学习、书法练习，每天做完重要的事情后再上班，这让我变得更加自信。每天晚上的反思是最令我开心的时光，那时的我在跟自己对话，我对自己的感受、需要百分之百坦诚。

“吵起来的不是生活，而是你自己。”当我的内在非常顺畅时，有足够的爱留给自己，外在呈现出的状态就会非常好。

有朋友反馈跟我聊天时，感觉我就像向日葵一样，让她感觉非常温暖。

04. 反思，让我学会看到对方的优点

孩子渴望的是被看见、爱和鼓励。

前期老师反馈孩子很聪明，但面对试卷上的难题，有时态度不够端正，有畏难情绪。

刚开始，我对孩子也是严厉批评，特别是在家人面前，很不顾及孩子的面子。在学习的过程中，我看到一句话：行为不端的孩子是丧失信心的孩子。

于是，我开始放大孩子的优点。以前的我怕孩子骄傲自满，

总是吝啬对他的夸奖，通过学习，我知道每个人都是优点缺点并存的，企图一一纠正缺点那是不可能的，当把优点放大后，缺点自然就会变少。

有一天晚上，当我和他一起学习时，我看到孩子面对数学试卷上的应用题开始犯难，他在等着我来教他。

我说：这张试卷中这两道题难度非常大，你愿意挑战一下吗？

他突然很兴奋，说：我愿意。

当孩子在认真思考时，我说：妈妈看到你面对很难的题目，还在耐心读题，觉得你真是个爱思考的好孩子。

孩子听到后，突然更加认真了，说：还有哪道题更难？我来试试。

最后，试卷上后面几道应用题都被他做出来了。这件事也让我认识到，当你认为孩子难带时，一定是你用错了方法；孩子被认可后，一定会有出乎意料的表现。

也许是因为我经常能看到孩子的优点，有时候孩子在听到他人的批评时，也学习找其中的优点。

同时，在反思的过程中，我意识到学习、工作占用了我大量的时间，周末、节假日一定要多陪陪家人。我看到父母、公婆的无微不至、无私奉献。每周末，我会带着家人出去旅游，同时和一些小伙伴组建家庭出游群，让孩子们去接触大自然，尽情释放他们的天性，享受童年的乐趣。

孩子的到来是为了我的成长，感谢孩子选择我做他的妈妈。育儿先育己，感谢孩子的指引，是孩子让我成为更好的人。

白霏

希望你也同样喜欢高三的自己

咨询公司合伙人

商业教练

坚持写作5年

交稿的时候，枣儿已挥别青涩的高三岁月，前往梦中高校开启大学生涯。回望往昔，去年那个炽热的夏日，我们毅然决定，在学校旁边租一间小屋，陪伴枣儿穿越高考这场人生的试炼场。作为母亲的我，深知这段旅程非比寻常，每一步都挂满了汗水与不易，我誓与他并肩，共同镌刻下这段宝贵的人生印记。

三百六十五个日夜，如同指尖流沙，悄然滑落。如今翻开手机中的相册，那些日子如同老电影般一帧帧闪过，酸甜苦辣，既深刻难忘，又温暖美好。它们不仅仅是时间的印记，更是对青春另一种深情的诠释，是向着顶峰不懈攀登的力量，是梦想与汗水交织的奋斗篇章，是坚持不懈后收获的甘甜果实。我深感幸运，能够成为这段旅程的见证者与参与者，更愿枣儿回望时，亦能满怀珍惜，喜爱那个在高三奋战的自己。

我将这段难忘的经历编成三则小故事，或许你也能在字里行间捕捉到自己的影子，因为这些故事，平凡又渺小，它们讲述的是关于爱、关于成长、关于坚持。希望我们的故事能成为一束微光，在亲子关系探索中，方便大家更容易找到属于自己的方法。

01. 起伏时，更容易找到前进的勇气

那天，天阴沉，气压低，让人难以呼吸。枣儿低垂着头，默默地步入房间，眼眸中充满着前所未有的迷茫与失落。我早已被班主任私下告知，这次模拟考试，他的成绩不理想。

我缓缓推开房门，映入眼帘的是枣儿的背影，他坐在床边，双手交叠，沉默不语。我轻步上前，挨着他坐下，温柔地拍了拍他的手背，细语道："孩子，怎么了？有心事吗？可以跟妈妈说说吗？"

枣儿递来一张细长的字条，是模拟考试的成绩单，上面写着醒目的红色数字"263名"。我深知，此刻的他需要力量。

我轻轻启唇："枣儿，你还记得吗？那个阳光明媚的周末，你三岁的小小身躯里，却藏着大大的勇气。爸爸单位组织的爬山活动，你兴奋地跟随，面对崎岖的山路，你未曾退缩。其他孩子已经向家长撒娇喊累，但你，一次次跌倒，又一次次爬起，小手和膝盖上的小擦痕，见证了你的坚韧与不屈。你告诉爸爸，'没事，我能行'，那一刻，你不仅征服了山，更战胜了自己内心的恐惧。这个故事一直鼓励着妈妈，每当遇到挑战，我都会想起那个勇敢的小小身影，它提醒我，只要有信念，就没有克服不了的

困难。”

枣儿的眼神渐渐聚焦，似乎被我的话语所触动。我继续说：“高考前的模拟考试，不过是检验学习成果的一种方式，它虽重要，却非终点。它更像是一面镜子，让我们看清自己的不足，明确努力的方向。这次的成绩提醒了我们哪里还需要加强。所以，枣儿，你无须沮丧，反而应该庆幸，因为你找到了提升的空间。”

枣儿点了点头，眼中的光芒重新闪烁起来，他坚定地说：“谢谢妈妈，我明白了。我会继续努力，因为我还是那个勇敢的小孩。”

望着他重拾信心的模样，我心中满是欣慰。自那以后，枣儿更加勤奋地学习，积极寻求老师和同学的帮助。通过努力，终于换来了成绩的稳步提升，他再次进入年级的前列。

人生，本就是一幅丰富多彩的画卷，有高峰的辉煌，也有低谷的磨砺。在赞美成功的同时，我们更应珍惜那些低谷带给我们的成长与蜕变。正是这些经历，让我们学会了坚韧与包容，以更坦然的心态面对生活的起伏，这样我们的人生画卷才会更加绚烂多彩。

02. 成长是懂得与情绪和平相处

距离高考仅剩三十天，时间仿佛被按下了加速键，倒计时如同悬在每个人心头的钟摆，每一秒都带着紧张与期待。

清晨，当第一缕阳光尚未完全驱散夜的寂静，枣儿便从闹钟急促的呼唤中醒来。他匆匆咽下早餐，小步快跑至教室，用那无比熟悉的动作，从书堆中精准抽取出一张空白的试卷，笔尖轻触纸张的瞬间，便从半梦半醒转变成全神贯注的状态。

夜深了，晚自习的结束铃声划破了校园的宁静，枣儿沿着那条熟悉得几乎能闭眼行走的小径，一步步回到温馨的小屋，狼吞虎咽地吃掉一份早已准备好的消夜，然后他又回到房间，机械地打开书桌上的台灯，睡前再复习一小时，书桌前的那束光，照亮了他最后冲刺的道路。

然而，随着日子的推移，高强度的学习让一切都变得不再那么得心应手。书本上的文字仿佛被施了魔法，扭曲而模糊，曾经轻车熟路的题目，此刻却如同迷宫般难以捉摸。不知道从什么时候开始，枣儿开始焦虑、烦躁，晚上躺在床上，辗转难眠，数不尽的绵羊也无法驱散那份沉重的担忧。

“妈妈，如果我考不上大学怎么办？”“妈妈，我是不是真的很笨？”这些疑问如同乌云般笼罩在枣儿的心头，让他对一切都失去了往日的热情。我看在眼里，急在心里，我深知，此时我的安慰或许只是杯水车薪。于是，我提议："枣儿，你可以听听师兄的建议。"

枣儿向远在北京读大三的师兄发出了求助的信息，字里行间满是对当下的迷茫与不安。很快收到了师兄的回信，如同春风化雨，师兄虽然没有直接给出答案，却以一种轻松而智慧的方式引导他："晚上若睡不着觉，便随他去吧。年轻人，偶尔几天不睡觉也没有大影响。至于学习上的困扰，试试劳逸结合，适度打打篮球，只有让大脑充分放松，才可以吸收更多的知识。"

在师兄的启发下，枣儿渐渐找到了自己的节奏。他开始学会在高压之下寻找平衡，面对负面情绪时，不再苛责自己，而是以一种更加平和的心态去接纳、去探寻、去解决。那些曾让他头疼不已的问题，仿佛一夜之间全都被解决了。

生活，本就是一场修行，充满了未知与挑战。面对纷扰与困境，能够掌控自己情绪的人，方能真正驾驭自己的人生。枣儿经历的正是他成长路上的必修课，这堂课教会了他即使内心波涛汹涌，外表也要保持云淡风轻，要以一颗坚韧而平和的心，去拥抱每一个黎明与黄昏。

03. 你可以去更大的世界看看

仲夏正午，阳光如织，炽热而耀眼，即便办公室的空调呼呼吹着，仍驱散不了心头那份莫名的闷热与焦灼。我伫立在窗前，目光穿越层层热浪，心中涌动着难以言喻的忐忑，还有半小时，高考分数揭晓。

铃声骤响，是爸爸的来电，简短数字“665分”，紧接着是“省排1020名”，如同炎热中的一缕清风，瞬间吹走了心头的阴霾。那一刻，悬在半空的心，终于稳稳降落，化作满心的喜悦与欣慰，泪水在眼眶中打转，那是开心的泪光，是对孩子无数个日夜不懈努力的肯定，我为他能咬牙坚持到最后而感到无比骄傲。

然而，喜悦之余，新的选择题出现了。

高考，无非就是很多人同时做同一份卷子，然后决定去哪一座城市，最终发现，错的每一道题都是为了遇见对的人；而对的每一道题，都是为了遇见更好的自己。

枣儿坚定地对我说：“妈妈，我爱家乡，但我更渴望远方的风景，我想要体验不一样的人生。”

这一幕，恍若三年前重现。那时的他，面对高中择校的抉择，毅然选择了一条更为艰难却充满机遇的路，只为与更优秀的伙伴并肩同行。而今，他又一次站在了选择的十字路口，依然是对未知的渴望与向往。

枣儿已长大成人，他有了自己的梦想与追求，作为母亲，我该做的，是学会放手，让他如鹰击长空般，自由翱翔在自己的蓝天之下。

放手，既是对他的鼓励，更是对他的信任。我相信，无论未来的路途多么遥远与未知，枣儿都能以他的智慧、勇气与坚持，书写出属于自己的精彩篇章。而我，将永远是他最坚实的后盾，默默守候，静静祝福。

04. 永远爱你，永远支持你

枣儿，高考虽已落幕，但它并不是终点，而是你人生新旅程的起点。未来的路，或许依旧布满荆棘，或许会有更多的未知与挑战。但请记住，无论你走到哪里，无论前路多么坎坷，你的背后永远有我们——你的父母，我们是你最坚实的后盾，是你随时可以依靠的港湾。

大步往前走吧，带着你的梦想与信念，勇敢地迈出每一步。不要害怕失败，因为每一次跌倒都是为了更坚强地站起；不要畏惧挑战，因为正是这些挑战塑造了更加坚韧不拔的你。记住，人生的价值，不在于你拥有多少，而在于你如何珍惜与利用你所拥有的东西，去创造属于自己的精彩。

未来的日子里，或许我们会因为距离而暂时分开，但请相信，那份爱与支持，会像一缕温暖的阳光，穿越千山万水，照耀着你前行的每一步。当你感到疲惫时，不妨回头看看，我们就在这里，用微笑和鼓励，为你加油打气。

大步往前走吧，带着我们的祝福与期盼，去追寻那片属于你的广阔天空。记住，你永远不会孤单，因为背后有我们永远爱你、支持你，直到世界的尽头。

晶晶

破茧成光：
陪孩子共绘成长画卷

医保工作者
健康管理师
家庭教育指导师
国家二级心理咨询师

2003年春天，一个小生命如璀璨星辰般在全家人以及同事好友们的满满祝福中降临人间。他如同春日里的新芽，带着生命的活力和憧憬，开启了一段奇妙的人生之旅。在众人的期盼与关爱中，这个小小生命将在岁月的长河里绽放出属于自己的光彩。而这个新生命的降临，也为这个家庭带来了无尽的欢乐与希望。这个体重达八斤一两的宝贝，是当时我们医院职工孩子中，出生体重最重的。

怀孕之初，同事水连医生的一句话："孩子在母体内缺了营养，出生后是无法补回来的。"犹如一颗种子，在我的心中生根发芽。于是，我开启了"胡吃海喝"的模式，完全不顾及日后自己苗条的身材能否恢复，只要是有营养、有益于孩子发育的食物，我统统来者不拒。就这样，我把自己吃成了大胖子，怀孕期间足足胖了近60斤。虽然后来尝试诸多方法也无法恢复到最初的身材，且因胖得不均匀而时常苦恼，但我从不后悔。因为我的吃，生出了一个身体健康、头发黝黑的胖娃娃。

记得《哈佛女孩刘亦婷》里有这样一句话："感谢祂赐给我一个发育正常，而且吸收了父母优点的孩子，急切地等待着用威特父亲的方法，把女儿培养成一个人格健全，素质优秀，有能力创建理想生活的人。"我深有同感，感谢上苍让我有一个如愿以偿的健康的孩子，我暗下决心，一定要努力培养他。

“教育是一场向美而行的遇见，是一棵树摇动另一棵树，一朵云推动另一朵云，一个灵魂唤醒另一个灵魂。”在接下来的日子里，我的大部分心思都放在孩子身上。于是，工作之余，学习成为我的常态化任务。我学习营养学、科学育儿知识、儿歌、古诗词、国学经典……汲取了大量知识，这些知识，让我沉浸在教育孩子的快乐与成长学习之中。

01. 生命之礼，启蒙之始

孩子在3个月的时候，有一次拼命地哭，任凭我们怎么哄都无济于事。突然，我想起曾经看过的一篇文章，孩子在母体内听过的音乐，会让他很有安全感。于是，我赶紧打开曾经多次播放的胎教音乐，大约10秒钟后，孩子竟然停止了哭闹，还露出了开心的表情。那一刻，我深深感受到了胎教的神奇魅力。

在孩子1岁前，我开始用VCD播放儿歌、古诗词给他听。当他会说一个字的时候，我说“白日依山”，他会说“尽”；当他会说两个字的时候，我说“白日依”，他会说“山尽”；当他会说三个字的时候，我说“白日”，他会说“依山尽”。那种成就感无法言表，也让我惊叹于孩子的听力和记忆力。之后，我每天在早晚时间用VCD的AB循环功能，重复播放当天要听的内容。第二天早上一醒来，再放给他听。这样重复两次后，第三次播放时，他已经会背所听的内容了。接着，用这种方法，他背下了《三字经》《百家姓》《千字文》《增广贤文》《宋词》《唐诗三百首》《毛泽东诗词》等。

除此之外，我还对孩子进行营养均衡的喂养，让孩子充分锻炼身体，选择各式各样的游戏。我在玩乐中，既增进了亲子关系和夫妻关系，又锻炼了孩子的各项能力。我坚信，这样发展下去，孩子一定会不同凡响。

同时，我一直努力保持好的情绪，尽管我的脾气很急，但我很少在孩子面前生气发脾气，因为我知道孩子的神经元发育很重要，好的情绪至关重要。在育儿的过程中，我不仅提高了自己的学习能力和时间管理能力，工作上也特别上进，希望能成为孩子的榜样，引领孩子成为他想成为的样子。

02. 风云突变，困境来袭

当我逐渐成为生活的能手，学习的高手，育儿也越来越得心应手时，命运的齿轮悄然转动，生活的风暴即将来袭。

先生曾是一名军人，那时他从四站连，调到机营股，需要适应新环境、新工作。刚流行上网的时代，先生由于对新事物好奇，工作之余，沉浸在打游戏和玩QQ之中。结果，教育孩子的重担就全部落在了我一个人身上，而我要上班，甚至有时还要上夜班。

“生活不可能像你想象得那么好，但也不会像你想象得那么糟。”命运的打击接踵而至，父亲的去世让我措手不及。在那个不太冷的冬天，处理完父亲的丧事后，整整一个多月过去了，我疯狂地补假，半年没有休息过一天，既要继续工作，又要照顾和教育孩子。在这种忙碌得像个陀螺的状态下，我的身体彻底垮了。每半个月发一次高烧，持续了半年，各项检查后诊断为肠胃型感冒，身体的虚弱可见一斑。这期间，我写下了大量育儿日记，记录着儿子成长的点点滴滴。

父亲的去世也让我的性格发生了转变。以前我什么都听先生的，可后来发现他在一些事情上太过武断，我们的意见时常不一，这使得我们成了貌合神离的夫妻。先生原本工作性质就比较特殊，他隔一天值一天班，忙的时候，我和孩子甚至两三个月都见不到他一面，闲暇之余就喜欢玩电脑。这一玩儿就是三四年。在这几年里，我们不懂得沟通，很少吵架却时常冷战、生闷气。他独断的性格也不容许沟通，一生气就摔门而去，留下我和儿子。周末他陪伴我们的时间更是少之又少，用孩子的话说：“我感觉我的童年没有爸爸。”

03. 逆境崛起，自我蜕变

“山重水复疑无路，柳暗花明又一村。”生活的困境并没有将我打倒，反而激发了我内心的倔强，使我开启了全面提升自我的征程。读书方面，我不再局限于育儿书籍，广泛涉猎女性成长励志类书籍，从中汲取坚韧与勇气；研读心理学书籍，探寻内心世界的奥秘；阅读夫妻关系书籍，努力修复婚姻的裂痕；关注健康管理方面的书籍，为自己和家人的健康保驾护航；沉浸于四书五经和国学著作，感悟传统文化的博大精深。

课程学习上，我勇敢尝试新领域。学舞蹈，以灵动的身姿展现生命的活力；学优雅仪态，举手投足间散发着自信与魅力；学化妆，用美丽点亮生活；学摄影，记录生活中的美好瞬间。

聆听曾仕强、张其成、郭继承教授讲的国学，在智慧的传承中汲取前行的力量。

考证之路，我更是全力以赴。考取心理咨询师证，为他人排忧解难的同时也治愈着自己；拿下健康管理师证，成为家人健康的守护者；获得家庭教育指导师证，将正确的教育理念传播给更多的人。此外，会计证和药师证等也被我收入囊中。

我不断拓展自己的知识边界的同时，还积极投身公益事业，如免费开展100多场家庭教育直播，在社区举办讲座，开展线上线下读书会，用自己的所学所悟影响更多的人。我还带着一家人一起做公益，在奉献中感受爱与温暖，让家庭更加团结和睦。

至此，我实现了自我的华丽蜕变，成了更好的自己。

04. 携手前行，幸福绽放

2013年，我们转业回到家乡，面对新的城市、新的环境、新的人群，一家三口从零开始。先生在经历诸多事情后，终于意识到对我和孩子的伤害，规律的行政班作息时间，让他在周末有了更多时间来陪伴我们。与此同时，通过我不断学习与成长，我逐步去了解自己，疗愈自己，了解先生，疗愈先生。当我知道这都来自我们原生家庭旧有的模式时，同时我也看到了各自背后的需求，我开始将自己所学的新的思想与处理方式运用到我们的家庭生活之中，这使家庭再度恢复活力，并且越来越幸福。用先生的话说，我们现在的夫妻关系比刚结婚时还要和谐与温馨。

“幸福都是奋斗出来的”，我把精力放在重新寻找工作和自我成长上。先生则主动承担起陪伴孩子和做家务的责任。然而，在儿子刚上高一的时候，班主任连续几天发来视频，说儿子在学校上课时不是打瞌睡就是补觉。这一消息犹如晴天霹雳，让我的内心瞬间失去平衡。

转业回家后，我的重点在个人成长上，陪伴孩子的时间确实不多。此时，我发现我的关注点必须做调整，我还需要继续学习（给孩子做榜样），与孩子一起成长。

于是，我先利用工作之外的时间，考取了健康管理师证书。以此让孩子看到我是如何学习、如何利用时间的，以榜样的力量激励他。三个月后，我如愿以偿拿到证书，还意外领取了2000元的补贴。在孩子心中，他对妈妈的学习精神佩服不已。我与老师们沟通，通过老师们在校帮助、我在家的榜样带动以及再次学习家庭教育课程的引导，孩子在学习上有了很大进步。尤其是在新冠疫情期间，许多孩子成绩滑坡，而我的孩子成绩却一直在上升，从班上倒数升到全班前十名，甚至有一次考试在全校排名前进了500多名。这种惊人的进步，是儿子踏实和笃定地学习，付出努力后得到的结果。

如今，我的孩子已考上他心仪的大学。在校园里，他积极阳光，乐于帮助同学，深受老师和同学的喜爱，已然成长为一个真正的男子汉。而我在陪伴孩子成长的过程中，也收获了丰富多彩的人生。从《三字经》、唐诗、宋词到各种教育孩子的书籍，从考试课程的提升到考取家庭教育指导师、健康管理师、国家二级心理咨询师等，我这一路犹如涅槃重生，把以前没学到的为人处世的道理都学到了，把想考的证书也都考了个遍，由此多了不少职业选择。

如今，我即将面临退休，致力于研究心理咨询中家庭教育方面的内容，尤其是关于亲子和夫妻关系方面的问题。我和几位老师在社区成立了每周一期的读书会，我愿意用自己的所学和经验以及教训帮助更多的人走向幸福之路，帮助更多孩子成为他们想成为的样子。

我是一切的根源。在陪伴孩子成长中我不断学习，成就了孩子和家庭的同时，也成就了我自己。

在陪伴孩子成长的道路上，虽然有泪水，有欢笑，有挫折，但更多的是我与孩子的共同成长。我希望在陪伴孩子终身成长的道路上，与孩子继续共同成长，都能绽放出属于自己的生命之光。

绿豆芽

陪“烂尾娃”一起迎接就业挑战

教育工作者

拥有20年的教育教学经验

最近流行一个新词叫“烂尾娃”，是指很多家长为了孩子的教育投入了大量的时间、金钱和精力，期望孩子能上所好大学和有个好未来。家长们纷纷积极给孩子和自己报名参加各种培训班，甚至通过各种中介，不惜花重金让孩子去国外留学。

但是孩子在毕业或者进入社会后，未能达到预期的目标，出现教育投资和年轻人目前的收入不成正比的结果。家长和年轻人都感到焦虑、迷茫、无助，不知该怎么做才能走出当前如此“内卷”的困境，这种现象类似于建筑项目未完成的状态。大学生毕业即失业成了常态，于是又有了两个词叫“躺平”和“啃老”。

我觉得在解决就业难的问题上，父母的认知和思维起着决定性的作用。

01. 希望你像雄鹰一样盘旋于高空

我的“烂尾娃”叫小胖，上了一所普通大学，选择的是普通专业。我对他的培养方式是个性化，筛选他的兴趣爱好重点培养，他喜欢音、体、美，我就给他请老师一对一私教。他没有辜负我的期望，每张奖状都是对他最大的肯定，这也是一种对他前进的激励。由于我不论天气好坏、日复一日地接送他，培养了他坚持不懈的精神。在他上课的时候，我也在偷偷学习，学到了很多音、体、美的知识。

小胖去年大四的时候，我听到很多网红老师说，大四是应届生身份，工作岗位多，要抓紧时间参加校招。当时我有点蒙，不是要等大学毕业后才能找工作吗？于是我报名了老师的课程，每天晚上准时上课。通过学习我才明白了大四是应届生，可以通过校招进入单位，错过应届生身份，以后岗位越来越少，择业期的应届生很难找到工作，大四就要提前规划考研和就业。于是我连忙请了老师专门给小胖一对一辅导就业问题，结果小胖竟然连一份简历也没投，他说要考研，我气得差点吐血。

毕业后，他就自信满满地加入考研队伍。我也非常支持他，无论金钱和精神都给予帮助，毕竟学历上一个台阶总是好事，高学历也是招聘单位的门槛。况且研究生毕业可以走人才引进，还有很多其他便利条件。于是他每天起早贪黑，用心背英语和政治，并复习另外两门专业课。为了支持他考研，我花重金给他报了考研培训班，同时我每天也没闲着，在网上各种搜索，寻找那种能解决就业和考研的咨询老师，加入他们的学习群，有什么问题就直接在群里问老师。我还买了很多课程，进入了孜孜不倦的学习状态。我相信很多家长跟我一样，仿佛又回到了学生时代。

经过深入学习，我也了解了很多研究生升学路径和目前就业难的情况。同时我也做好了两手准备，如果孩子考研失败，就让他马上找工作。当然也可以申请一个国外一年制的研究生，虽然是有些人眼中的“水硕”，但好歹时间短，一年回来就可以找工作了。出国留学只看QS世界大学学科排名，去国外留学需要申请，条件是看绩点和雅思成绩。如果不去国外留学也可以选择中外合作，中外合作有预算、有想法的完全可以去读。我问小胖的意见，他说不想去国外留学。

02. 从小学到大学毕业，就像跑了一场马拉松

2023年12月的研究生考试，天气格外寒冷，我陪小胖去考研。经过两天的奋战，走出考场的那一刻，小胖心情复杂但充满希望。小胖考研结束就在床上躺了三天三夜，好像要把过去缺失的休息时间全部补回来。当考研分数出来的那天，小胖的单科线没过，落榜了。他心情非常失落，躲在被窝里面，心里充满不甘和遗憾，我叫了很多遍也不肯出来吃饭。

这以后他就“躺平”了，也不收拾一下自己，整个人都没有精神，除了打游戏就是打游戏，床上乱七八糟像狗窝，饿了就点外卖，人虚胖了一大圈。我为此每夜失眠，头发掉了很多，我感觉自己快疯了。我只能强迫自己每天在就业群里继续学习，看央国企和事业单位招聘等。机会来了，央国企、事业单位和教师公布招聘通知，我好说歹说让他去试试看，随即就给他报了线下培训班。结果还是不尽如人意，央国企、事业单位和教师招聘又

落榜了，被几十比一的比例争一个岗位的残酷现实打败了。接二连三的打击，小胖更“躺平”了，那怎么办呀？我只能换一种思路，不能看着孩子如此颓废。

03. 找到适合自己的方向才能走得更远

忽然我眼睛一亮，很多招聘老师说银行可以作为保底，择业期应届生身份可以参加考试，然后我仔细看了银行招聘的条件，原来银行不限专业，只要是全日制本科就可以报名，于是我决定给小胖去报名。

我在视频上看到了很多关于银行的负面报道，现在进入银行压力大、任务重，有些“00后”不堪重负辞职了。经过再三考虑，我认为目前首先要解决生存问题，不到社会上接触人，社恐，会直接废掉一个大学生，后果很严重。大学生就业的第一份工作尤其重要，一个好的平台决定着孩子一生的发展，银行客户经理、柜员这两个岗位都是直接面对客户的，客户是资源，是流量，普通人家的孩子只有学会向上社交，打破圈层才能逆袭人生。

孩子迟早要进入社会大学，遭受社会“毒打”之后，或许会悟出一些道理。家长最好的爱就是放手。我为了了解银行，又开始拼命学习银行知识。原来银行有这么深的学问，想报考国有六大行银行也不是一件容易的事，网申通过才能继续参加之后的笔试、面试、体检。竞争异常激烈，一关一关淘汰。笔试和面试都需要有专业的知识，毕竟小胖是一个小白，只能重新开始学习，为了能顺利考上银行，我先哄骗小胖看《城中城》，并暗自在网上买了课程，这样小胖看了以后有了兴趣就会报考银行了。

报考银行的知识主要包括行测、综合知识、英语三大部分。涉及的综合知识很多，包括经济、金融、热点等。最难的是银行面试，银行面试需要自我介绍，包括兴趣爱好、工作能力等，无领导小组讨论和辩论赛是极限挑战。终于得到小胖同意了，我开心得像个孩子。我认为进入银行最重要的是能得到快速成长，银行销售岗很锻炼人。就这样我们母子每天守在电脑旁，按照网申的步骤一步一步往上填，把所有能报名考试的都报了一遍，然后就等着网申通过了。

小胖紧张地学了几天，就被赶鸭子上架了，在后来很多次的银行考试中，不是网申没有通过，就是笔试没有通过，要么就是面试没有通过。最后终于有一家银行被我们捡漏了，小胖通过了各种选拔考试，总算找到了工作。

04. 新路都是一步一个脚印踩出来的

今年6月，小胖上班了，穿着白色银行制服和黑皮鞋，又恢复了精神小伙的状态。他每天要拼命学各种金融知识，参加银行各种培训，学会保护客户隐私。他还要懂得一些法律知识，处理各种复杂问题。

为了冲刺业绩，他每天早上去跑市场，拜访陌生客户。有时还要拜访乡下的厂矿企业，跟着师傅，看师傅是如何成交客户的。慢慢地，他积累了很多经验，也学到了很多新知识，认识了不少做生意的朋友。我对他说，到处都有客户，要多交朋友，只要有机会就去加微信，微信上可以备注几月几日在哪里认识的，并进行分类，把潜在客户和成交客户筛选出来，每天把设计好的图片和内容发在朋友圈，关注你的客户所点赞评论的，只要对方点赞评论说明你发的有价值，最终目的就是要成交你的产品。

对于客户首先要做到诚信，还有耐心，给客户提供情绪价值和解决客户需求。我把我们家的祖传商业秘密都教给小胖了。销售岗位虽然很苦，但是既能锻炼情商又能锻炼综合能力，小胖一个月跑下来，虽然累但很快乐，现在沟通交流明显好了很多，也不社恐了，这就证明已经向成功迈出了第一步。

我的朋友背着我悄悄给小胖增加了业绩。我问小胖是哪些朋友，小胖说这是银行商业秘密，我也就没再问了，总之我要感谢默默支持我的朋友。现在看来，小胖的业绩一个月比一个月好，他也在慢慢蜕变。不管怎样，这是他人生路上的一笔宝贵财富。

05. 勇敢登上山顶 才能欣赏旭日东升

大学生就业难，考公、考编不是唯一的出路，我们家长要从多个角度思考问题，打破自己固定的思维方式和认知，我们要做的就是放手，让孩子独自面对现实的残酷，好好体验生活不易、赚钱不易，这样有利于他快速成长。

普通人家的孩子一毕业，不能有空窗期，专业对不对口不重要，有工作机会干就完了。先选择一个平台，从销售岗位做起，把自己的名片推出去，只要自己足够努力勤奋，在挑战中寻找机遇，不断学习和提升自己的能力，将会收获意想不到的成果。

所有的岗位都是潜力股，由热爱再到专业有一个过程，不要眼高手低，更不要怕吃苦。普通人家的孩子想逆袭都是靠行动的勇气，一步一个脚印，无一例外。只有融入对的圈子，复制粘贴，才能成就更好的自己，希望每个“烂尾娃”都能找到适合自己的路，直到看见彩虹！

留学红芬老师

终身学习，引领孩子走向卓越人生彼岸

北京新彤星教育科技有限公司创始人
16年经验全球通留学规划师
《写下来的梦想更容易实现》联合作者

在现代社会，知识和技能的更新速度前所未有地加快，终身学习已经成为每个人生活中不可或缺的一部分。这不仅是适应社会变化的需求，更是实现个人价值的重要途径。作为一名家长、创业者和教育工作者，我深刻体会到，陪伴孩子在终身学习的道路上前行，是我们肩负的最重要责任之一。在这段充满挑战的旅程中，我们不仅在帮助孩子成长，也在不断挑战自我，探索生命的更多可能性。

终身学习意味着我们必须不断调整思维方式，保持对新知识的渴望，并且愿意投入时间和精力去探索未知领域。对于孩子来说，这种学习过程是他们成长的重要组成部分，而作为父母，我们则是他们学习旅程中的重要引导者和陪伴者。通过共同学习和成长，我们不仅能为孩子的未来打下坚实的基础，也能在这一过程中不断提升自己，成为孩子最好的榜样。

01. 觉察与改变：工作家庭不止步，孩子成长莫错过

为人父母，如何在忙碌的工作中把握好孩子每个成长的关键瞬间？相信有很多朋友和我一样有相似的困惑。正是在这样的困境中，父亲的一句话深深地激励了我，他说：“我60多岁还在奋

斗，你这么年轻，怕什么?”就这样，我毅然决定开启创业。

创业初期，面临行业的趋势变化和市场的不确定性，这些挑战让我倍感压力。只有不断学习和自我提升，才能在这场竞争中生存下来。于是，我投入大量时间学习新的商业模式、市场趋势和公司运营，不断调整公司的发展策略，摸索出一条适合自己的发展道路。

创业不仅是一种职业选择，更是一种生活方式。市场瞬息万变，稍有懈怠便可能被淘汰，学习能力和适应能力就成了关键。李笑来说过：“自己首先得是个贵人，才能遇到贵人。”在追求梦想的道路上，必须不断提升自我，才能吸引更多的机会和资源，最终实现自己的目标。

创业对家庭生活带来了巨大的挑战。加班加点是常态，家庭时间也更有限。为了更好地平衡工作与家庭，我学习了高效能管理方法来提高工作效率，学着更高质量地陪伴孩子，尽可能地满足孩子的成长需求。

作为母亲，我深知教育孩子不仅是责任，更是对自己的承诺。只有不断学习和进步，才能为孩子树立榜样，陪伴他们走向成功的彼岸。亲子关系对于孩子而言，如同一座坚固的基石，奠定了他们一生的基础，深刻地影响着他们与世界的关系。

事业不能停止前进的脚步，孩子的成长也不能等待。积极向上的父母如明亮的灯塔，能够照亮孩子前行的道路，培育出优秀而自信的孩子。我不断调整心态，努力在工作与家庭之间找平衡，与孩子一起学习，共同成长，树立终身学习的坚定信念。

回顾这段正在经历的创业旅程，每一次挑战都让我变得更加强大。我不仅在努力实现自己的梦想，还在为孩子树立积极向上的榜样。我坚信，只要坚持不懈，不断进步，梦想终将实现。创业之路的每一步，都是对自我能力的验证，也是对家庭责任的担当。

02. 远见与格局：父母志存高远，孩子人生旅程更精彩

俞敏洪老师的故事让我深有感触。他的母亲在面对儿子第二次高考落榜时，展现出非凡的决心和行动力，并没有因为儿子落榜而放弃。相反，她坚定地支持儿子继续学业，甚至亲自奔赴县城，为他争取到一个参加高考培训班的机会。这种不屈不挠的精神，最终帮助俞老师考上了北大，成就了今天的辉煌。

孩子的世界观尚未成熟之际，父母的态度和认知就是他们看待世界的标准。拥有宽广认知的父母，能够为孩子规划明确的未来路径，帮助他们一步步实现目标。

我带儿子彤彤学习空手道时也深有体会，初心是想让他锻炼身体，没想到他很抵触，自己不能和老师独立上课。当时他4岁，年龄也小，但是其他小朋友可以独立和老师上课，不知他是胆小还是真不喜欢。我征询老师建议后，陪他坚持上了六七次课，逐

渐适应了，我就一点点退出。他平时训练期间偶尔会觉得枯燥乏味，尤其到考级时会频繁集训，体力消耗比较大，毅力不强会容易退缩。我非常关注他的心理，不断引导他，哪怕一次微小的进步也会鼓励他。至今已是第七年学习了，他参加了北京市空手道协会组织的比赛，获得男子个人型二等奖。更重要的是，在他平时的学习和生活中，面对问题和困难时增添了一些韧劲，想办法解决，不会在开始时就因为难而轻言放弃。他也比原来多了一些韧劲。

作为家长，在孩子遇到困难时，要协助他一起面对并寻找解决问题的办法，这样能促使他在未来的学习和生活中能更勇敢地面对挑战，勇于探索未知领域。而我们在陪伴孩子终身学习的过程中，也要不断自我更新，积极应对变化。

03. 教育与学育：父母智慧启迪，孩子心灵成长引路人

对于家长而言，如何帮助孩子培养终身学习的能力，为他们的未来发展奠定坚实的基础，是需要深思的重要问题。家长要做的不仅是为孩子传授知识，还要做孩子情感、智慧和能力的全方位引路人。

让我印象深刻的学生之一，是国际学校的高三学生星星（化名），成绩不好且有挂科，学习状态不佳，妈妈非常担忧。我看

了星星的成绩单后，发现星星初三和高一时的成绩良好，高二和高三的成绩开始大幅下滑，与星星单独交流时才发现问题的根源。原来父母离婚的事情一直困扰着他，他在国际学校住校，一周回来一次，聚少离多，妈妈也没意识到。我与星星沟通后发现他不甘于现状，目标想冲刺名校，我们达成一致，希望他这学期成绩保持上升趋势，然后去加拿大读一年中学弥补之前的不足，基础打好了才是申请名校的第一步。没想到星星那学期下来成绩呈现上升趋势，对学习更加有自信了，按照我们约定好的方案计划进行，进入加拿大学校学习的阶段更知道自己想要什么了。高中毕业后，他顺利进入梦校——加拿大排名第一的多伦多大学。

另一个让我感触深刻的案例是波波（化名）。波波的妈妈是一名北京重点中学的数学老师，每天都会在百忙中抽时间与波波进行学业和生活的交流。即使波波去加拿大读中学，这种“陪伴”也没有中断。妈妈买了儿子学习的教材自学，目的是与儿子视频探讨学习和生活的更多内容。波波不仅保持了优异的学业成绩，还代表学校参加安大略省游泳大型比赛，帮学校拿回“丢失”多年的冠军。

这两个典型的案例告诉我们，孩子还是那个孩子，家长首先要用成长型思维去协助和引导孩子解决问题。如在自己资源范围内无法解决问题，最好及时找到专业人士寻求帮助，激活并强化孩子的积极主动性，这不仅可以帮助孩子克服学习上的困难，还能帮助他们找到属于自己的方向，并在追求梦想的道路上勇敢前行。

因此，我们必须把焦点从“教育”孩子转移到“学育”孩子的方向上，尽可能给他们更多的指导和支持，让孩子作为学习主体更加积极主动地投入学习中。

04. 陪伴与学习：与孩子肩并肩，探索未来无限可能

科技的飞速发展和全球化的浪潮深刻改变了我们的生活和工作方式。在这种背景下，终身学习尤为重要。

学习不仅是应对职场挑战的关键，更是追求个人兴趣、实现自我价值的必要手段，中高考以及研究生考试越来越卷，学习能力将成为孩子未来发展的核心竞争力。

在陪伴孩子成长的过程中，终身学习不仅仅是为了获得更多的知识和技能，更是为了拓宽自己的眼界，培养批判性思维和解决问题的能力。《人生随时可以重来》一书中写道：“当你喜欢一件事情的时候，请你一定要坚定地坚持下去；当你对一件事情有信心的时候，也请你一定要坚定地坚持下去。”这句话深刻地告诉我们坚持和信心在终身学习中的重要性。

摩西奶奶的故事正是对这句话的生动诠释。她从58岁开始学习绘画，并在80岁时闻名美国。摩西奶奶用一生的经历告诉我们：有人总说已经晚了，实际上，现在就是最好的时光。

作为孩子的引路人，我们有责任帮助他们树立终身学习的信念，让他们在面对未来的种种不确定性时，依然能够保持积极进取的心态。我们不仅要在学业上给予孩子指导，更要在他们的人生观、价值观上给予正确的引导，帮助他们树立积极向上的人生目标。

在终身学习的道路上，孩子们将会遇到许多困难和挑战，但这些经历将成为他们未来生活中宝贵的财富。当我们与孩子共同探索这条道路时，不仅能增进亲子关系，还能激发出孩子更多的潜能，而我们也能成为更好的父母，帮助孩子更好地应对未来的挑战，陪伴他们一起走过这些困难的时刻，与他们共同成长，自信地迈向美好的明天。

名校规划导师熳宁

反内卷最终境界，
无缝衔接名校规划的逻辑

海外名校升学专家
香港留学公司规划技术总监
蓝图生涯规划创始人
青少年生涯规划培训导师

2015年，某个平平无奇的夜晚，我和大女儿谈起未来，问她今后想走什么样的路，女儿告诉我："老妈，我想成为和你一样厉害的商业女强人！"就是女儿的这句话，让我毅然决然走上了陪伴孩子奔向她心中职业梦想的"教育"之路。

我女儿的初中成绩并不出色，一直处于中游水平，我深知以她现有水平，实在难以在如此内卷的高考环境下脱颖而出。好在孩子的英语成绩一直是各科中最好的一门。我决定为孩子开辟一条能发挥她独特优势的赛道，开始为她规划留学的道路，做好两手准备。以此为契机，我正式进入"海外升学"领域并深耕至今。

如果说我是孩子点亮人生道路的灯塔，那么孩子就是我努力前进的风向标。

迄今为止，我已经在海外升学板块深耕了9年，我特别清楚其中的条条道道，我总结出了孩子成功升学的秘籍，核心是先了解孩子，因材施教，为孩子量身定制个性化规划。

01. 规划：有规划的人生是蓝图，没有规划的人生是拼图

我女儿小的时候，由于我忙于工作，缺少对她的陪伴和教

育。“野蛮生长”的她，独立、懂事、孝顺，但孩子一直不自信，而且不管如何补课，成绩依旧上不来。

当时的我，正为工作而感到迷茫，不知道未来的方向。刚好因为女儿的升学刚需，让我找到并坚定了我未来的工作方向。在我的眼里这并不只是一份工作，还是能够造福很多家庭的“秘密武器”。

一个好的规划等于拯救一个家庭！

我不断地学习，参加各种教育升学展会，我只恨自己学得不够快。当我深耕到第三年，初通门道之时，迎来了我女儿的人生重大节点——中考。一直没有找到学习窍门的她，中考成绩并不理想，成绩刚到公立高中分数线，进不到自己理想的高中校园。大家都清楚中考的录取比例就是一个筛选机制。

那一晚，她哭得很伤心，在她有限的认知里，仿佛中考考砸了，人生也就完蛋了。我安慰她说：没事，中考只是人生中比较重要的一次考试而已，条条道路通罗马，我们还有很多条路可以走的。妈妈想跟你确认一下，你想变得更加强大吗？你愿意为了更好的将来现在吃苦吗？女儿的决心没有让我失望，她说：“老妈，我想读大学，我希望我的人生未来会越来越美好，我的人生主导权要抓在自己的手里！”

我把我深耕多年的经验，用激活她内驱力的方式告诉她，因为升学规划是需要孩子一起参与进来的，不能让孩子做一个“提线木偶”。我与我的女儿彻夜长谈，深入交流了很久很久……她得到释怀后暗暗发誓：一定要让自己的人生逆袭。我由衷地感到欣慰，欣慰的不仅是自己的努力没有白费，还看到女儿的成长，相信自己，相信未来，愿意去异国他乡展开全新的求学之旅。

多年以后，当我前去新加坡参加女儿本科毕业典礼，在台下看着领奖台上散发自信光芒的女儿，我内心百感交集，眼泪忍不住地流了出来。孩子的留学之路在此刻获得圆满，我深知一个女孩远离家人，独自在异国求学，其中该吃的苦，该磨炼的痛，一个都少不了。作为一名母亲，此刻我既感到心疼，又替女儿感到骄傲。功夫不负有心人，经历四年的苦读，孩子长大了，终于以优秀的成绩从这所新加坡专业排名前三的大学毕业了，而且还拿到了双学士学位。现在她正准备进行下一步升硕计划，考取新加坡的最高学府——新加坡国立大学。

我作为一名母亲，固然有一份希望孩子成龙成凤的夙愿。但如果我没有提前做学业规划，通过学习成长，自己先成为一名升学规划导师，我想孩子是不太可能走这条留学的路，进而取得今天的求学成就。有规划的人生是蓝图，以前没有规划过的她或许会泯然于众人，但科学规划后，她将成为自己人生最闪耀的星。

当我经历了给自家女儿做升学规划，让她享受到成功逆袭的滋味之后，我豁然开朗。**我认识到，要想让孩子从内卷的环境中跳出来逆袭人生，要先根据孩子的实际情况来科学地规划升学路径。所以我更加笃定了内心的一个想法：我要用最轻松的方式，帮助到更多的孩子实现他们的名校之梦！**

02. 测评：无法探究内心深处的思想，何谈规划之始

在这9年升学之路的咨询中，我遇到过许多孩子的不同问题，有被学校要求退学的，有受不了刷题考试的，有学霸焦虑考试的，也有家长为孩子花巨款补课，最后连基础都跟不上的……我经常与这些孩子和家长沟通，怎么会这样？我得出一个结论，从孩子的视角来说就是："那根本就不是我想要的，我学得好累！"

我突然明白，原来有些孩子一开始所表达的并不是他们的真实想法，而是父母"威逼利诱"后，被迫踏上符合父母自己想要的人生之路，孩子仅是在实现"父母的想法"。那么这样的教育理念与我的教育理念是背道而驰的，我无法接受这样的结果。在我的认知里，教育不仅仅是父母的事，更是孩子的事，路要孩子自己走，而不是父母背着走。为人父母努力给孩子提供平台，那就是"仁至义尽"了。如何在平台上大展身手是孩子自己的事情，父母不应该过度干预，要学会"放手"。

愿意来找我的父母都是信任我的，父母的问题我解决后，我就开始思考，如何能够挖掘孩子内心深处真正的想法呢？为此我开始探索，我需要一个能够打开孩子内心的"工具"。

我知道，坚持是会有结果的，我成功找到了我梦寐以求的"工具"，由北师大提供的一套选拔国家人才的工具，由多维度、

多角度、多广度以及多种算法组成的工具，我相信这能够帮助我探索孩子的内心深处。

于是，我开始借助这套工具，效果显著、成果良好。我重新根据新的测评结果规划新的道路，让孩子们得到自己真正想要的专业、学校。我很开心，孩子们也有收获。我认为开心地学习，一定要比不开心地学习事半功倍。

比如新加坡、中国香港、澳大利亚、俄罗斯、马来西亚等地的学校，注重的不是学生的成绩，而是学生多方面、多维度的创新能力。家长们一定要明确一点：中考和高考的分数并不是评价一个学生综合能力的唯一标准。名校在招生时，除了看重学生的考试成绩外，还会关注综合素质、特长爱好、社会实践等多方面的表现，也就是说，只要你在其他方面有突出的地方，照样能够成为名校眼中的“潜力股”。

为此，我与多个名校的校长、大学的教授和学生交流沟通，得出一个策略：挖掘特长爱好，彰显个性风采。每个人都有自己的特长和爱好，这些都可以成为你申请名校的加分项。无论是音乐、美术、体育，还是科技创新等领域，只要你有出色的表现，都有可能离自己心爱的学校更近一步。

当我利用“工具”将孩子们的核心优势一个一个挖掘出来后，我醍醐灌顶，想要给孩子规划一份好的蓝图，就更应该了解孩子的内心深处。思想是一个人的精神支柱，更是不断前进的“发动机”。

“天生我材必有用”，每个人的生命都是独一无二的，发现自己的价值和使命，你必将会遇见闪闪发光的自己！

03. 以就业为导向的学业规划，让孩子从一开始就少走弯路

孩子在职业探索的过程中，家长应该如何在期望与孩子个人兴趣之间找到平衡？有哪些具体的方法可以帮助孩子提前进行职业探索？家长应该如何让上中学的孩子做生涯规划？目标管理的时间线应该如何形成？如何更好地去“托举”孩子？做到哪几步，才能让孩子轻松拿下名校录取通知书？这些问题是很多家长心中的问题。

良好的亲子关系，对于电子产品的管理，青春期叛逆，学业压力过大等，孩子成长的过程中，家长有诸多需要面对和解决的问题，这本身就是一条修行之路。我们可以用“深度交流法”，聊出孩子的好奇心、同理心、自信力、社交力、创造力……

不管是中考还是高考，都是人生中很重要的一个选择，提前为孩子的发展定好方向，需要考虑很多因素。

人生之路，没有标准答案。高学历固然重要，但不是每个学生都可以马上在现阶段就能拿到好的结果，所以我们先走在提前规划的路上，要坚信我们的孩子可以逆袭上名校！我一直认为学习、思考和执行三者缺一不可，孩子的学业规划要有对自身价

值的清晰认知，完整的规划路径以及百折不挠的抗压能力，家长们更要秉持长期主义和结果导向的价值观。

希望所有的家长都提前做好规划，有所收获。希望所有的孩子都能眼里有光，脚下有路。我希望尽我自己的力量，为这个世界创造更多的价值，让更多的家庭受益，让世界更加美好！

Tina

陪伴孩子学习成长，家庭事业双丰收

朗驰电子科技有限公司创始人之一

爱跳拉丁舞，会处理情绪

01. 养育中的挑战是我成长的机会

我的大宝，是一个聪明、很有主见、很有创造力的孩子。她出生的时候，我和老公在创业初期，因为刚创业，我和老公都非常忙，在她1岁断奶后我就去公司上班了，经常晚上12点以后才下班回到家，这个点娃都睡觉了，早上我去上班时娃还在熟睡中，对于大宝在陪伴上的缺失，我一直都很愧疚和遗憾！

在养育大宝的过程中，最挑战我的是10岁正值青春期的她戴美瞳，她那段时间爱美瞳如命，有一天晚上美瞳没取下来，直接戴着睡着了，第二天早上起来，眼睛都变成小白兔的红眼睛了，我看到她那双红红的眼睛，心疼、生气加担心，控制不住情绪的我对她破口大喊："你这孩子怎么戴着美瞳睡觉呀？你怎么这么不爱惜自己的眼睛呀？你知不知道这样对眼睛的伤害有多大？"最后我还把她的美瞳都丢进了垃圾桶。我内心真的很恐慌，要是娃的眼睛因为美瞳出了问题可怎么办呀！这个孩子怎么连自己的眼睛都不保护好？我都这么忙了，还尽给我添乱，我还要花时间带她去看医生，任凭我怎么说，大宝都不吱声，得知她的美瞳被我丢进了垃圾桶后，她像发疯一样对我大吼大叫，从此跟我的关系变得越来越糟，大部分时候都带着情绪和我对着干，让我无计可施！

忍受痛苦比改变容易，但是我还是想改变，不愿意活在痛苦的沼泽里。我内心始终有一个坚定的方向，那就是我想让孩子拥有更美好的人生。任何时候人只要有方向，生命就一定会绽放。于是我学习了家庭教育相关的课程，了解到父母的角色是啦啦队队长、教练和定海神针。我把我在现实生活中的角色回顾了一遍，才发现我在做一个教导主任呀，我当初不应该对娃的行为有过激反应，而应该先接纳和理解她。

其实每一个阶段都是在冲突中获得动力的。父母要做的不是避免发生冲突，而是允许孩子充分地去体会，以获得生命中独一无二的成长体验。父母应该先调整好自己的状态，做好家庭的定海神针，然后尝试接纳孩子的观点。比如，我应该带大宝去买最好的美瞳，教她学会戴美瞳，并告诉她保护眼睛的方法，这些才是我应该做的。

大宝给我带来的挑战，也让我学会了要有耐心地走进孩子的内心世界，去倾听孩子内心真实的需求。她可能觉得戴美瞳很美，她有勇气去尝试，只是在操作过程中出现了一些失误。而我需要用正向的思维去看待这件事情，找到这件事情背后的礼物。教育孩子的过程也是完善自我的过程，**养育孩子是修炼自己最好的方式。**

02. 做好情绪管理，跑好生活中的“马拉松”

我相信大部分妈妈从职场回归到家庭后都会经历一个痛苦的阶段，因为我们很容易迷失自己，找不到自己的价值和定位，在日常琐碎的柴米油盐酱醋茶的生活中，很难保持稳定的情绪。回归家庭后，那时候我每天面对的是3个孩子，大宝已经非常独立了；三宝是个“作业收割机”，学习不需要我操心；唯独在二宝身上，我花的时间最多。

二宝有点像个“蜗牛宝宝”，她做作业很慢，从公立学校转到国际学校后，英语跟不上，我的英语是专业八级水平，可我的女儿却是一个英语学渣，这是一种什么样的体验？我自然成了她的英语老师，每天陪伴辅导她完成英语作业，每一次她都是拖到快要睡觉才做英语作业，做英语作业时总有畏难情绪，愁眉苦脸的，自然拼读到现在还没学会。受孩子的刺激，我的情绪也变得极不稳定，变成了一个脾气暴躁的坏妈妈，经常情绪失控，一失控就对二宝大吼大叫。把二宝的英语教好成了我的目标和执念。然而，辅导了孩子两年后，我发现孩子的英语水平并没有非常大的提升，当时我的挫败感弥漫到身体的每个细胞，那种沮丧感和无力感让我痛苦至极！

痛到极致就是拿到生命礼物的时刻。当孩子的英语老师，没得到好结果，这不是我想要的。我又学习了好脾气情绪管理的课程，明白了教育不是掌控，不是剥夺，而是支持。教育是由外向内，回到你的内在世界。这让我学会了放下控制和焦虑，把注意力从孩子身上转移到自己身上，不再盯着二宝的英语成绩，而是去感受在陪伴孩子成长的过程中我是放松的还是紧张、焦虑的。我从内在角度调整好自己的状态，以非常平淡的心态肯定孩子在英语学习中的每一个小小的进步。当她不需要我提醒就能把题做对时，我就赞赏她“你是可以学好英语的”。

焦虑就是想控制无常，而无常才是正常。二宝除了英语不那么出色，其他任何一方面都非常优秀，而我却一直盯着她的短板，一直想补齐她的短板。于是我做了一些调整，二宝很喜欢做美食，我就从这个优势下手。

有一天她想吃米发糕，并告诉我她想自己做，我当时觉得这对于一个10岁的小女孩来说是非常有难度和挑战的，毕竟我和我妈都没做成功过。但是面对孩子的热情和自信满满的表情，我犹豫了一下，还是答应了她。她立马拿起我的手机搜索怎么做米发糕，然后自己准备所有的材料。她熟练地用破壁机将糯米打成米浆，再加入酵母粉和白糖，用一双可爱的小手非常用力、开心地搅拌着米浆，然后倒入碗里用蒸锅蒸，最后，香喷喷的米发糕呈现在我们眼前。这让一旁的外婆格外惊喜，外婆说她一辈子做这个米发糕都没成功过，二宝第一次做就成功了，而且味道超级棒。那天我们全家人都吃到了二宝的米发糕，都对她赞不绝口，二宝满足、开心、幸福的样子让我看到孩子在这方面的成就感和价值感。作为父母，我们要相信孩子是有能力可以做好每一件事情的，相信就是给孩子最大的力量！

03. 爱是无条件的，爱是等待，爱是承担

2022年我迎来了第四个女宝。四宝是一个很幸福也很幸运的宝宝，因为前面3个宝宝出生时我都处在创业阶段，不能全身心去陪伴她们，所以对于四宝，我亲自用母乳喂养，从出生第一天起就自己带着睡，每天亲自给她洗澡、做抚触，晚上我一遍一遍地唱着英语童谣，把我对她的爱用一首首儿歌编织起来。我还学习了老岳感统课程，生怕错过每一个阶段的感统训练，再搭配上合理营养的婴儿餐，宝宝长得肉嘟嘟的，成为人见人爱的小萌娃。

四宝是个天使宝宝，每天我一回到家，她就开心地跌跌撞撞地向我冲过来，嘴里嚷着："妈妈，我想你了。妈妈，抱抱我。"看着四宝满眼满心都是我的样子，我的心都被她融化了，我所有的烦心事都烟消云散了，她的存在给我的世界带来了光和爱，我特别享受和她在一起的每时每刻。

每个孩子小时候都是父母独一无二的天使，都是非常可爱

的，为什么看到他们长大，我们就很容易烦躁和焦虑呢？我想，是因为随着孩子越长越大，我们对他们的爱由无条件的变成有条件的，给了孩子很大的压力；我们期待他们变得越来越优秀，希望孩子永远听我们的话；我们对孩子的付出不再是心甘情愿的。可我们忘记了爱是需要等待的，生命体是自然生长的，不应该揠苗助长。如果我们保持着对待小宝宝的那种爱的初心和信任，孩子还会教育不好吗？

我把我对四宝的这种爱同样用到了大宝、二宝、三宝身上，也感受到了爱的回流。我发现每个宝宝都是不一样的天使，每个宝宝在我心中都非常重要，我感恩她们的到来，是她们让我重新养育了一次我自己，让我更加完整。

我相信我的孩子一定会走在正确的道路上，因为我一直很认真地在学习成长，我的意识一直聚焦在培养和引导孩子成人成才上。在养育孩子的过程中，我主动去寻求方法，不断突破卡点，让自己的内心变得更加丰盈，陪伴孩子们健康、快乐、幸福地成长是我一生的课题。

生命中的任何迂回和曲折都是为了下一次更好地绽放。让我们一起来学习育儿，享受育儿乐趣。

百顺

相伴学习：点亮孩子一生的智慧灯塔

执业中药师
二级公共营养师
阅读和写作爱好者

人生真的有太多不确定性，能做的就是活在当下。我现在要做的就是享受写作这个过程，写好我跟孩子的成长故事。

2014年，我在通过了执业中药师考试并考取了公共营养师证后便陷入了迷茫。每天除了工作、照顾孩子和家人，就是不停地抱怨生活的苦。

那时的我，经营着一家实体店，有无尽的烦恼。2022年，我关闭了经营了15年的实体店，也是在那个时候，我开始接触书籍，试图从书中寻找走出困境的方法，渴望让深陷泥潭的生活拥有仰望星空的能力。这几年，我从书中学到了微习惯给人带来的力量，了解了什么是幂次法则，明白了什么是心流，知晓了什么是复利效应。通过阅读，我萌生了写作的想法，后来报了写作班，开始学习。当心中涌起某种能量时，就要勇敢去做，去实现，去行动。

01. 自助者天助：在逆境中绽放

2014年，生活的风暴骤然袭来，将原本平静美好的一切搅得支离破碎。我全力备考执业药师考试，命运似乎在刻意考验我的承受力。父亲因弟弟的突然失踪备受打击，本就患有阿尔茨海默病的他一病不起，病情越发严重，时常产生幻觉。那混乱的场景至今仍历历在目，有一次，父亲因为情绪失控，将母亲的眼睛打青，整个家庭被痛苦和恐惧笼罩着，我时常半夜惊醒。

孩子也想寻求我的陪伴和关怀，想向我倾诉学校里的点点滴滴。但我却拒绝了孩子，因为我的精力已被生活的重压消磨殆尽。我在店里忙着工作，下班后又要匆忙赶去照顾生病的父亲，留给她的时间少之又少。她哭着指责我只管姥爷，不管她。那一刻，我的心犹如被万箭穿过，痛苦不堪。我无奈地向她解释，自己要应对考试、工作，还要照顾生病的父亲，实在无力分身。

在那段精神重压、身体极度疲劳、夜夜失眠的日子里，我几近崩溃。但内心深处，始终有一个声音在呐喊：自助者天助！于是，我咬紧牙关，带着黄芪、西洋参和补气血的口服液走进了考场。上午场，我勉强支撑，努力集中精力答题。下午场，即使喝了补气血的口服液，身体依然疲惫不堪，我做完卷子的一半时，手连握笔的力气都没有，大脑也有点失控。

在1月查成绩的时候，我惊喜地发现自己竟然通过了考试。那一刻我激动不已，是坚定的信念支撑着我走过了那段黑暗的时光。

此后，父亲的病情越发严重了，开始卧床不起，我依然将重心放在父亲身上。半年后父亲去世了，生活的磨难却并未停止。曾经，我的孩子在小学五年级之前成绩一直出类拔萃。孩子小升初时，因为我之前的疏忽，没能在她精神成长的关键时期给予她足够的陪伴和引导，导致她数学发挥失常，最终未能进入重点初中。面对这样的结果，我失态了，对她大喊大叫，还辱骂过她。如今回想起来，那时的我若能明白这些负面情绪会占据她的心智带宽，定会努力修行自己。毕竟，我也是第一次做父母，从未接受过相关培训。

后来，孩子上了初中。初一的时候成绩还算不错，可到了初二，我因为工作和生活上的事，对她有所疏忽，没想到她竟然迷上了手机。我为她交了不少报培训班的钱，可她却沉迷于手机，这让我无法接受，甚至摔坏了两部手机。初三，孩子的成绩不太理想。这一次，我没有像从前那般冲动，而是选择和她好好谈一谈。虽然没能去到理想的学校，但我告诉她，我们不能放弃自己，要学习曾国藩，学习他的逆商。曾国藩考秀才六次未中，28岁才考上举人，29岁中进士。他天资愚笨，却凭借后天的勤奋和无数次跨越逆境，成为半个圣人。

也许孩子真的把话听进去了，在后来的学习和生活中，她有了很大的改变。她经常帮老师做PPT，还帮朋友把商品上架到淘宝上。我看到了一个自信的她，那种自信的光芒让我感到无比欣慰。我所期望的，无非就是她能自信地生活，平安幸福。

一路走来，生活中总会出现“黑天鹅”事件，遇到困难和挫折时要向内求，要有反脆弱的能力，因为君子不器。古人云：“自助者，天助之。”所有的挫折都是来成就你的，正如尼采所说：“当一个人知道自己为什么而活的时候，他就能够忍受生活加诸他的一切。”

02. 在亲子成长中找寻自我

在婚姻的长河中，我曾无数次与孩子的爸爸因琐事争吵。每一次，我都执着地想要争个输赢。然而，事实却是，每一次的争执都以我的气愤和无奈告终。

这般无休止的争吵，终于在我的身体上留下了痕迹。我的乳腺上长出了大拇指般大小的硬块，疼痛难忍。那一刻，我害怕这小小的硬块会给我带来无法承受的后果。

我没有陷入绝望。我通过看书寻找治疗的方法，口服药物、外用药物，再加上疏通经络，最终消除了这个硬块。因为我是有一些医学基础的，也比较了解自己的体质。

在我备受煎熬的这段时间里，孩子的话语如同一束温暖的光，照亮了我内心的黑暗。孩子耐心地开导我："妈妈，在这段关系中，您是更在乎爸爸，还是更在乎自己呢？您看，每次争吵后难受的都是您自己，您为什么要让自己过得这么不开心？您最应该在乎的难道不是自己的感受吗？"是呀，就像《亲密关系》一书中所说的，婚姻不是两个人的事情，它是一个人的事情，那就是活好自己。

是呀，我为何总是在争吵中消耗自己，让情绪掌控自己的生活，导致自己无心学习和工作呢？我为何不能将自己的感受置于首位？我要重启未来的自己，摆脱过去情绪对我的影响，让内心喜悦、平和。我要学会平静地和自己相处。

我开始注重自身的成长和感受。孩子竟在不经意间成了我的老师，她让我明白，爱自己，才是生活中最重要的课题。我买来了很多我想读的书，每天5点多起床看书。读书充实了我的头脑，让我的思想不再心猿意马。

03. 青春热血与理智守护

在悠悠的岁月长河中，陪孩子学习成长不只是在书本上，有的时候还在生活的点点滴滴中。课本要读，社会这本大书更要读。

吾家有女初长成，17岁的她，充满了青春的朝气与梦想。那日，她满怀热忱地告诉我，欲独自奔赴海南，去看TNT（时代少年团）的演唱会。理由铿锵有力："谁的青春不热血一回，等我以后上班了，便再无这般闲暇时光。"闻此，我内心五味杂陈，既盼她能抢到票，圆了这青春之梦；又恐她抢到票，独自远行。如此这般，怎能不让为人父母者牵肠挂肚？

我深知，孩子虽是我们生命的延续，却也是独立的个体，拥有自主的思想与行动。孟子17岁离开母亲外出求学，马斯克17岁离开南非独自远赴加拿大和美国读书，皆是在青春年少时勇敢迈出了独立的步伐。

经过一番深思熟虑，以及跟她恳切交谈，我最终同意了她的请求。前提是务必要注意安全，途中要机灵，善于应变，善于观察，懂得察言观色，莫与陌生人多言。幸运的是，她成功抢到了票，订好了机票与酒店，规划好了路线。虽因年龄所限，订酒店时遇到了些麻烦，但她皆能自行联系处理。她父亲也联系了海南友人，待其看完演唱会后接她回酒店。而后几日，她又独自外出游玩，一路顺遂。

在孩子的成长之路上，彼此尊重、平等商议，远胜过高压管制。我从未对她施以高压，她也未曾叛逆过。

04. 陪伴孩子在不完美中成长

我始终坚信，生活中的每一个瞬间都是学习与成长的契机。

那是一个寻常的日子，下班后我拖着疲惫的身躯回到家中，映入眼帘的却是孩子的满脸泪痕。我问她怎么了，她却说“没什么”。身为母亲，我怎能让她独自承受？尽管她一再回避，我还是放下手中的包，轻轻将她拥入怀中。“别难过。”或许是我的安抚起了作用，抑或她终究需要一个倾诉的对象，孩子抽噎着告诉我：“妈妈，我没有抢到票。前几天我抢到了王源的演唱会门票，可这次却……”原来，这就是她伤心的源头。

我抱着她，用温柔的语气说道：“孩子，生活总是不完美的。买不到这张票，看似是一个遗憾，但其实它也是生活给予我们的一次思考机会。生活总是有裂痕的，而正是这些裂痕，才让光照了进来，让我们明白未来的路该怎么走。这个世界有无限的可能在等着你。虽然这次你没有买到票，可这意味着你追随偶像的旅程还很长，未来还有更多的期待。倘若这次轻易就得到了满足，也许你的热情会过早消退；而这份失落，会让你的喜爱更加持久。如今的自媒体是一个强大的杠杆。只要你好好学习，不断提升自己的能力，让自己变得足够优秀，你就会被更多的人看见。说不定哪一天，通过自媒体，你不仅能实现自己的梦想，还有机会让你的偶像认识你。这一切都并非遥不可及，只要你肯努力，肯坚持。”

在陪伴孩子终身学习的道路上，不仅仅是知识的传递，更是心灵的交融。用生命陪伴生命，用生命影响生命，做孩子的榜样，正如苏霍姆林斯基所说：“要教育好孩子，就要不断提高教育技巧。要提高教育技巧，那么就需要家长付出个人的努力，不断进修自己。”我们在自我成长的同时，也为孩子点亮了前行的灯塔。正如泰戈尔的那句诗：“天空没有留下翅膀的痕迹，但我已经飞过。”我们或许不会在孩子的人生中留下明显的印记，但我们的爱与陪伴，将化作他们内心深处的力量，支撑他们飞向更高更远的天空。

余杨

一朵云推动另一朵云

80后职场宝妈
坚持写作十二年

知识的海洋浩瀚无垠，在这个日新月异的时代，学习不再局限于校园的围墙之内，而是成为一种伴随终身的习惯与追求。作为父母，我们不仅是孩子生命的引路人，更是孩子学习旅程中的同行者。在这个旅程中，“陪孩子终身学习”不仅是一句口号，更是一场深刻而美好的实践，它如同“一朵云推动另一朵云”，在亲子间悄然绽放，绽放出最美的花。

01. 云起之时，共赴梦想

“妈妈，您帮我看看这个香蕉过期了没有？”

2岁的小鱼眨着一双天真的眼睛望着我。我扑哧一下笑了：“儿子，你看这香蕉皮还是金黄金黄的呢，就是没有坏；水果一般是没有明确保质期的，一般是从外表看坏没坏，若外皮变黑有斑点了就是坏了，不能吃了哦。”“这样哦……”小鱼若有所思地说道。

自从有一次在家收拾零食时，发现有一包过期的薯片，我就试着教小鱼检查包装上的生产日期和保质期，并告诉他过期的食物是不能吃的，吃了会肚子疼。小鱼就记住了，后面每次吃一样东西前都会让我帮他看有没有过期。小家伙举一反三的能力还是挺强的。

小鱼是一个对世界充满好奇的小男孩。记得他3岁那年，我第一次带他去图书馆。走进那座知识的殿堂，小鱼的小眼睛瞬间亮了起来，仿佛发现了新大陆。他踮起脚，努力伸手去够书架上的绘本，那份对知识的渴望让我动容。我轻轻抱起他，一本本色彩斑斓的书籍呈现在我们面前。那一刻，我仿佛看到一朵云轻轻推动了另一朵云，小鱼对阅读的无限兴趣被激发了。他沉浸在他的世界里，每一本书都是一扇窗，打开书他便窥见了更为广阔的天空。

书籍开启了小鱼的新世界，我也找到了我的新目标：考编。从此，我们一起学习，一起看书。小鱼看他那五彩斑斓的绘本，我看我的行政能力测试考试相关书籍，我们一起沉浸在知识的世界里，却互不打扰。功夫不负有心人，终于有一天，我成功从一千多人中脱颖而出，顺利考取了行政编制，成了一名公职人员。而小鱼也受到书籍的浸染，得到了学习的成果，上小学的时候，写的文章多次获得全国、市、区一等奖。

“孩子，你不仅是妈妈的骄傲，更是妈妈前进的动力。”这句话我时常对小鱼说，也是我内心深处最真实的感受。孩子的成长与进步，是我最大的幸福与满足，也是我不断前行的动力源泉。

清晨的第一缕阳光穿透薄雾，天边渐渐浮现出几朵悠闲的白云。它们轻盈地飘浮着，时而相聚，时而分离，仿佛在诉说着一个关于成长与陪伴的故事。这，就是我与小鱼共同踏上终身学习之旅的起点——在爱与梦想的引领下，我们携手前行，探索未知的世界。

02. 云卷云舒，共克时艰

在成长的路上，我和小鱼总是亦师亦友。我告诉他，妈妈也是第一次做妈妈，做妈妈也是需要学习的。如果做得不好还请他原谅。他说，没关系，他也是第一次做儿子。就这样，我们在时间的年轮里共同学习、共同改进、共同成长。

随着小鱼年岁的增长，学习的科目难度也在增加，小鱼的学习出现了暂时的问题。初一的时候，他时常被数学难题困扰，每当面对复杂的几何图形题，他总是眉头紧锁，信心受挫。我意识到，这是孩子成长路上必然经历的考验。于是，我成了他的“数学伙伴”，每晚陪他一起攻克难题。我们像探险家一样，在数学的密林中寻找答案，每一次解出难题，都像发现了一片新的天地。在这个过程中，我学会了耐心与坚持，小鱼也有了面对困难积极向上的挑战精神。

进入青春期的小鱼，对异性懵懂而美好的情感开始萌芽了。

有一天，他告诉我：“妈妈，我有喜欢的女生了。”我可乐坏了。“真好呢，我家小鱼长成大男孩了，有喜欢别人的能力了。”

紧接着我问：“你为什么喜欢她呀？”

“因为她很优秀，不仅学习成绩好，是学生会的干部，还特别喜欢看书，她在运动会观众席上都抱着一本书看呢！”

“真好，我家小鱼喜欢的人也是优秀的，那你一定会越来越优秀啊！”

其实，我当时的心情挺忐忑的，心想：女生要是答应了的话可要怎么办？事实告诉我，我的担忧是多余的。有一天小鱼放学回家心情有点沮丧，原来他被女孩拒绝了。他跟我说：“没关系的，至少我勇敢地跨出了这一步。我想她拒绝我可能是我还不够优秀，我一定会努力学习让自己变得优秀。我相信以后会遇到更优秀的女孩子的。”

小鱼根本不需要我的安慰，他的自愈能力强大到让我刮目相看。想想自己有时候遇到点困难就开始沮丧，想要放弃，还不如孩子呢。所以很多时候，哪里是我们教会了孩子成长，而是孩子教会了我们成长。

学习之路，如同云卷云舒，有晴空万里，也有风雨交加。但正是这些挑战，让我们学会了坚持与成长。终身学习不仅是对知识的追求，更是一种生活态度与生命哲学。它让我们在不断探索与发现中，遇见更好的自己。

03. 云之彼端，共期未来

在人生的长河中，每一朵云都承载着梦想与希望，它们或轻盈飘逸，或厚重沉稳，但无一不在向前移动，探索着未知的远方。

时间如白驹过隙，转眼间，小鱼已从那个踮脚够书的小不点儿成长为即将步入高中校园的少年。中考的遗憾并未成为他前行的绊脚石，反而像是一股无形的力量，激发了他对知识的更深层次渴望。暑假期间，他没有选择沉浸在假期的悠闲中，而是主动探索起了编程的世界。

“妈妈，你看，这是我用Python编写的第一个小程序，它能自动计算数学题的答案！”小鱼兴奋地向我展示他的成果，眼中闪烁着自信的光芒。我轻轻抚摩着他的头，心中满是欣慰与骄傲。那一刻，我仿佛看到了他心中那颗关于梦想的种子，在不懈的努力与坚持下，已悄然生根发芽，准备迎接更加灿烂的阳光。

小鱼的这份热情与执着，也深深感染了我。从小对文字有着强烈热爱的我，深知文字的力量。于是，我决定重拾笔杆，开始了我的写作新篇章——学习如何更好地写作，甚至许下了要出书的梦想。每天傍晚，当小鱼埋头于编程代码时，我也在书桌前敲击着键盘，一字一句地构建着我的文学世界。

“妈妈，你的书什么时候可以出版啊？我一定会是你的第一个读者！”小鱼的鼓励如同春风化雨，滋润着我的心田。我们相互激励，共同进步，仿佛又回到了那个在图书馆共读绘本的午后，两朵云在知识的海洋中并肩前行，不断探索着未知的领域。

兴趣是最好的老师，小鱼不仅在编程上展现出了他的热爱，还积极参与各种在线课程学习，不断提高自己的学习能力。而我，在他的影响下，开始持续不断地尝试不同类型的写作，从散文到教育随笔，每一次尝试都是一次全新的挑战与成长。

“日积跬步，勤学不辍，终至千里。”这句话成了我们共同的座右铭。每当遇到困难与挑战时，我们都会想起这句话，提醒自己要不忘初心、勇往直前。

记得有一次，小鱼悄悄告诉我，他这么努力是为了考上自己心仪的大学。听完我紧紧拥抱了他，眼中含着泪。“儿子，你真棒！你的努力与坚持让妈妈感到无比骄傲。”那一刻，我深刻体会到“一朵云推动另一朵云”的深意——是孩子的进步与努力，推动着我不断前行，去追寻属于自己的那片蓝天。

展望未来，我们满怀信心与期待。小鱼即将步入高中校园，面临更加严峻的学习挑战与人生选择。而我，也将继续我的写作之路，用文字记录生活、传递温暖、启迪心灵。我们约定，无论未来道路如何曲折坎坷，都要保持对知识的渴望、对生活的热爱、对梦想的追求。

我们相信，只要心中有梦、眼中有光、脚下有力，就能像云朵一样自由自在地翱翔在梦想的蓝天中。无论遇到多少风雨与挑战，我们都能手牵手、肩并肩地共同面对、共同克服。因为我们深知：在亲子间那份最纯粹的爱与陪伴中，“一朵云推动另一朵云”的力量将永远存在并持续发光发热。

终身学习是一场没有终点的旅行。它让我们在云聚云散中不断成长，让生命之树常青。回望这段陪孩子终身学习的旅程，我深感欣慰与自豪。我们像两朵相互依偎的云，在彼此的推动下，不断前行，探索着未知的世界。在这个过程中，我们学会了爱、耐心、坚持与成长。我相信，只要保持对知识的渴望，对生活的热爱，我们就能像云朵一样，无论遇到多少风雨，都能找到属于自己的那片蓝天。

陈爱文

陪孩子终身学习，就是父母最好的安排

国家企业人力资源管理师
共学社群运营者

每一个孩子都是父母生命的延续，而如何陪伴孩子成长，永远是一本打开却看不到最后一页的神奇之书。

古人云：“父母之爱子，则为之计深远。”我虽然爱孩子，但在“计深远”方面，做得却远远不够，对孩子更多的反而是亏欠。

01. 经历亲子关系危机，如何反省突破

2010年10月2日，国庆节后的第一天，我的第一个孩子呱呱坠地。她是一个皮肤很白、眉眼秀气的小姑娘。在医院里，一小车子的娃娃被推去洗澡的时候，听边上的一个妈妈说，看，那个小娃娃可真白啊。我也顺眼看去，原来那个妈妈说的这个小娃娃，就是我家姑娘，我的小“阿锦”，她在七八个娃娃中特别醒目。我笑着说，那是我女儿。

当我们沉浸在添丁进口的喜悦中的时候，我先生接到了工作调动通知，要去外地长住一段时间，因此无法在家里照顾我和小孩，而且原来商定的婆婆来帮忙照顾我和小孩的计划，也由于种种原因而不得不取消。基于对他事业的考虑，我们商量后，最终决定我和孩子回到离杭州300多公里的娘家。

没承想，这样一个决定，竟造成了我们和女儿近三年的分离。

那时，我单位给我的产假只有三个月。三个月时间转眼就过去了，接下来面临着我要回归岗位的问题，那孩子怎么办？该由谁来带呢？

我和先生因为各自的工作，还是没有办法更好地照顾孩子。

我伤心地对先生说："我们结婚前不是说好了，有了孩子必须我们自己带在身边吗？"

先生默默无言。事情一度陷入僵局。

这个时候，我的妈妈向我们伸出了援手，她说："如果实在没有更好的办法，你把孩子就放在我这里，我来帮你带。"

我内心有不舍，又有无尽的无奈，我甚至对自己和我这个小家庭挺失望。

在孩子满三个月的时候，我踏上了回杭州的大巴车，坐在车上，我的眼泪不由自主地流下来。

随后的日子，孩子一天天长大了，只有两城往返的车票是我们亲子关系的证明。

有一天，我打视频电话回家，我妈妈在视频中对我说："阿锦叫了'爸爸'，这是她说的第一句话。"

我和先生听到这句话的时候，内心既高兴，又失落。

又有一天，我在电话里听我妈妈对我说："今天，阿锦会走路了！"

那一天，我哭了一场。我捧着女儿学走路的视频一遍遍地看，看她那阳光开心的笑容，内心又开心，又有一种不能诉说的滋味。

女儿满两周岁那一年春节前夕，先生和我商量说想带女儿回他老家过年。我们准备了好多礼物给女儿，然后想带她走。结果只要离开外婆的视线，女儿就哇哇大哭，喊着要外婆。

“外婆，外婆，我要和外婆在一起。”女儿嘴里就是一句话。到最后，不管我们用什么方式去哄女儿，她根本就赖在外婆的怀里不下来了。我和先生心中是五味杂陈，我们感觉到孩子的心里对于我们这一对爸妈毫无信任与亲切感，那是自然的流露，而造成这种情况的就是我们自己。

我心里突然冒出来一句话：不能再这样下去。脑中也突然浮现出弗洛伊德说过的话：“孩子的问题，往往是家庭问题的反映。”我突然发现，我们这个小家庭出现了严重的价值观偏移，我们竟然因为工作而忽略了对孩子的陪伴。

没有付出，哪来的回报？

没有陪伴，孩子不亲近我们，这是必然的事情。

我反思自己，我为什么要让我的女儿变成一个留守儿童？社会上留守儿童长大以后出现心理问题的例子还少吗？因为感受到父母的关爱不足，留守儿童情感上的缺失可能会导致他们长大以后产生孤独感或被遗弃感。

我的灵魂深处一直有一个声音：不能这样下去，不能这样下去，要赶快停止。

02. 幸好，一切都来得及

父母之爱是孩子心灵成长的土壤。

——弗洛伊德

于是当机立断，我请求母亲跟随我来到杭州住一段时间，让孩子慢慢回到我们的身边，我和先生开始真正陪伴她。从我们一起睡一张床开始，早上帮她穿衣服，教她刷牙，一起带她在小区里散步，逛超市，带她去玩，陪她一起站在宠物店门口看小狗。

我和先生几乎和孩子黏在一起。

当我们以为孩子开始接受我们的时候，我妈妈因为有事要回老家去。那一天，孩子抱着外婆哭得撕心裂肺，就是不让外婆走，抱着外婆。当时，你就是想把她的手掰开都掰不开。那个女儿流泪，我妈妈流泪，我也流泪的场景，我至今记忆犹新。

我们用强硬的决心，最终把孩子留在了身边。而我也向单位请了一段时间长假，就为了陪伴孩子。我不想再因为工作而失去对孩子的陪伴，带来更多的遗憾。

都说“父母的爱是孩子最宝贵的财富”。如果没有陪伴，孩子是感受不到真实、真诚的父母之爱的。

功夫不负有心人。

到了女儿该上幼儿园的时候，她渐渐地接纳了我。

有一天，我抱着女儿，她突然说："妈妈，你的怀抱好暖和啊！"

我高兴得想哭，于是紧紧地抱着女儿，她也紧紧地抱着我。

其实我心里知道，女儿已经接纳我，但我也知道，这并不代表，曾经两年的缺失就弥补上了。

女儿上幼儿园不久，我就给女儿报了一门中国舞蹈课，希望通过各种各样的学习，陶冶孩子的情操，也希望女儿能感受舞蹈背后的那种优秀的品质，比如学习舞蹈时坚持、坚强、刻苦、不放弃，付出就会有收获的精神。

每一次上课，只要我和她爸爸能一起陪她去，就没有放弃过机会。

后来我看到了心理学家约翰·鲍尔比说过的一段话，他说孩子早期与父母的健康关系对孩子长大以后的情绪稳定至关重要。孩子需要父母的关爱就像花朵需要阳光一样。缺乏父母陪伴的孩子可能难以建立安全的情感依恋关系，从而影响他们未来的人际关系。

我们时时刻刻希望给女儿更多的关爱。

考虑到她想念外婆的心情，每年的暑假、寒假我都送她回外婆家，然后每次要回杭州的时候，她总是哭得很厉害。

我问她为什么哭，她说，她就是心里难受。

她十岁那年暑假，我去娘家接她回杭州。她从上车开始，就坐在后座流泪。

我说："等回杭州，你就经常给外婆打电话，视频里你们也可以见面的！"

女儿说："我不想打电话，我怕打电话，打电话我也会哭。"

后来我发现，女儿回到外婆家就不想回杭州，所以每次都哭。而且回杭州以后，正如她自己说的，她主动要求打电话回去的次数真的好少。她说一打电话，就更想念外婆、更想哭的心情是真的。

都说原生家庭会影响一个人的性格一辈子，而家庭就是培养孩子性格、情感和德行的第一所学校。孩子敏感、脆弱，没有安全感，这一切都是作为父母的我们造成的。

我对女儿的亏欠，应该以什么方式来弥补呢？

我从很多经典书籍中寻找答案，寻找解决办法。

书中说，这一切都是最好的安排。

这也许是我和女儿的一场人生经历和一种人生的磨炼。

正所谓："我们终其一生都在学习发现问题，探究本质，直到最后一刻。"

我用尽所有办法，最终知道，陪伴就是最长情的告白。

爱，是最好的良药。

孩子就是我的一面镜子，让我不断修正自己的人生方向。孩子是我生命的延续，比起学习成绩，我更看重孩子的心理是否健康，因为后者将决定她的人生道路走得是否顺遂。而这一切的根源在于父母。

对于每一个家庭来说，陪孩子终身学习，不仅仅是一句口号、一种责任，也不单是一个承诺，其实是父母自己的需要。

我们家后来建立了家庭会议制度。家里定期开家庭会议。作为父母，我们不断地肯定孩子的优点，让她感受到父母对她的肯定及爱。同时，也让孩子表达对我们真实的感受。

到了初中的时候，孩子有了很大的变化。她从原来的敏感、爱哭、脆弱，变得坚强起来。

每次假期从外婆家回来的时候，她能自己安慰自己，并且规划好下一次去的时间，也不再那么伤感了。

孩子变得阳光明媚起来。

父母选择如何表达爱，孩子就会学习如何表达自己的情感，父母永远是孩子的第一任老师。

03. 终身学习不仅是孩子的需要，更是父母的需要

《荀子》中说："学不可以已。"学习是一生的事情。

"培养一个孩子就像培育一棵树，需要耐心和持续地照料。"正如树木需要时间来成长，孩子也需要在父母的耐心陪伴下逐渐成熟。树木需要园丁定期浇水和施肥，孩子也需要父母持续地关爱和支持。这些都需要时间。

树木在自然环境中会找到适合自己的生长方式，孩子也应该被鼓励去自我探索，发现自己的兴趣和激情，以培养独立思考和解决问题的能力。

王阳明的《传习录》中有一句话：“种树者必培其根，种德者必养其心。”

父母的心灵品质决定了孩子的心灵品质。你做的每一个行为动作都会在某一天回馈到自己，我庆幸我能够及时改过，让孩子回到了我的身边，避免了一个更大的错误发生。

我钻研阳明心学和《道德经》，学习这两位分别来自500年前和2500年前的圣贤的心法和方法，为问题寻找答案。

我更坚信只有自己不断成长，变成优秀的妈妈，才能更好地引导孩子成长。

因为只有自己有更多的爱，才能更好地爱孩子。在爱的滋养下，拥有幸福、爱的孩子，他们的心灵是富足的。富足的心灵，使他们敢于梦想，敢于追求星辰大海。拥有幸福、爱的孩子，他们的道德指南针总是指向正确的方向。

父母陪孩子的终身学习，都是爱的见证，都是幸福的印记，护航着孩子的一生。

感恩孩子给我成长的机会。

我爱你，我的孩子。

林丽英

终身学习之旅：
母女共绘成长画卷

家庭教育指导师（高级）
企业生产经理

在人生的长河中，每一段旅程都有独一无二的风景，而其中最绚烂的，莫过于与家人携手共绘的成长画卷。对我而言，这幅画卷的起点，便是与我最亲爱的女儿瑶瑶，一同踏上的终身学习之旅。

01. 初识勇气：共赴跆拳道的汗水之旅

很多人误以为勇气就是毫无畏惧，但真正的勇气并非如此。“勇气不是不感到害怕，而是即便害怕也选择前行。”我和女儿一起踏上学习跆拳道的征程，一段充满汗水与成长的奇妙之旅，就是对这句话最生动的诠释。

那时，瑶瑶6岁，刚从乡下来，总是怯生生地打量着周围的一切。我就经常带她到楼下的跆拳馆，见她眼里总闪烁着既好奇又胆怯的光芒，我问瑶瑶：“瑶瑶，喜欢跆拳道吗？我给你报名。”

“喜欢，但可以不去吗？我不敢，他们好高呀。”

她稚嫩的声音，让我决定放下所有的尴尬与顾虑，陪她一起勇敢地踏上了跆拳道的征途。

我蹲下身，温柔地握住她的肩膀：“瑶瑶，你看那些小朋友，他们虽然看起来很强壮，但每个人都有自己害怕的东西。重要的是，我们要勇敢地面对它，一起克服它。妈妈陪你一起报名学习跆拳道，好不好？”她似懂非懂地点了点头。

当瑶瑶第一次尝试踢木板时，心里充满了恐惧和不安。她偷偷看了我一眼，我紧紧握住她的手，轻声说：“瑶瑶，别怕，妈妈在这里。记住，你的勇气比任何技巧都重要。”那一刻，瑶瑶仿佛得到了无限的力量，猛地一脚踢向木板，木板应声而断。

我心里明白，这是我们勇敢之旅的开始，只有勇敢地迈出第一步，才能发现更多的可能。

就这样，我身着白色的道服，作为道馆唯一的陪练大人，时常和瑶瑶一起，汗流浃背。从最初的尴尬到后来的坚持，我的身影成为孩子心中最坚实的后盾。

瑶瑶学会了防身之术，更重要的是学会了坚持与勇气，她的眼神里逐渐有了坚毅的光芒。而我也更加明白了陪伴的力量，因为，每一次摔倒和每一滴汗水，都是我们母女俩共同的记忆，我也深知教育不仅仅是知识的传授，还有用心的陪伴。

02. 探索兴趣：兴趣之旅的温馨陪伴

“兴趣是最好的老师，也是孩子成长的翅膀，它能引领我们走向无限可能的未来。”通过尝试接触不同的兴趣爱好，能激发孩子的内在潜能，培养其全面发展的能力。

瑶瑶8岁时，我开始尝试带她接触更多的兴趣爱好。我们一起学舞蹈、一起学画画……每一次尝试都是一次新的探索，也是一次心灵的触碰。

在舞蹈室里，瑶瑶穿着粉色的舞蹈裙，在老师的指导下，认真地做着每一个动作。看着她的身体随着音乐的节奏轻轻摆动，看着她那份投入和专注，都让我感动不已，我情不自禁地用手机记录下她的每一个瞬间。

下课后，她兴奋地跑过来告诉我："妈妈，我觉得自己好像变成了一只小蝴蝶！妈妈你也来学舞蹈，我们一起飞吧。"

瑶瑶的建议打动了我，刚好她的舞蹈室旁边是一家学肚皮舞的工作室，他们是姊妹店，专为带娃宝妈们服务的。我也在孩子学习舞蹈的时间，开始了肚皮舞的课程，我们互相比赛，相互督促。

终于，瑶瑶取得了成果，兴奋地抱住我说："妈妈，我们做到了！我拿到'全国少儿电视大赛金奖'啦！"

我眼里闪着泪花，紧紧拥抱着她："宝贝，你太棒了！这都是你努力的结果。"

她抬起头，看着我说："妈妈，你跳肚皮舞也越来越厉害了，还拿到了高级肚皮舞教练证，我也要像你一样努力。"

我微笑着说："宝贝，你呀，一直都是妈妈的动力。每次看到你在舞蹈室里认真的样子，妈妈就告诉自己不能偷懒。"

这次舞蹈共学的经历，不仅给我们的回忆增加了色彩，而且让孩子找到了兴趣点，丰富了内心世界，加深了自我认知。

一次偶然的机会，她兴奋地扑向我怀里："妈妈，编程可有意思了，我想学编程，我们班好多人都在学。听说，学编程可以自己设计游戏，制作有趣的动画呢！"

我微笑地鼓励道："既然你这么感兴趣，妈妈支持你！"说干就干，我立即帮她报名参加了线上"核桃编程"的课程。

过了一段时间，她有些沮丧地问我："妈妈，这个'核桃编程'的任务我试了好多次都不行，我是不是太笨了？"

"怎么会呢？宝贝，你只是还没找到窍门而已。"

"我都快想放弃了。"

"别放弃，再坚持一下，妈妈陪着你。"

一小时后，她坚持下来了。

"妈妈，我成功了！原来是这样！"

"宝贝，你太棒了！这种通过努力获得成功的感觉是不是很棒？"

"嗯，太好了，我又有信心面对接下来的挑战了。"

当瑶瑶编写出了自己的第一个小程序时，她的脸上洋溢着满足和喜悦的笑容，看到她眼中闪烁着星光和对未来无限憧憬的那一瞬间，我深感欣慰。

我意识到，每个孩子都有自己独特的天赋和兴趣点，只要我们用心去发现和引导，就能帮助他们点亮智慧之光，照亮前行的道路。

03. 面对挑战：逆境中的携手成长

“逆境是成长的催化剂，也是亲子关系的试金石。”在面对生活的挑战时，家长应成为孩子的坚强后盾，共同寻找解决问题的方法。

瑶瑶10岁时，我们举家迁移到一线城市。瑶瑶面对新环境和陌生的同学、老师，感到不适应，学习也一落千丈。我焦急万分，尝试给她报线下辅导班、兴趣班，结果她都不愿意去。她只喜欢上网络编程课。但她好像陷入自我怀疑的旋涡中，开心不起来。

那晚，月光格外明亮，洒在我们的身上，仿佛给这个小小的房间披上了一层银纱。我和瑶瑶坐在床边，面对面地交谈着，空气中弥漫着一种温馨而又紧张的氛围。

“宝贝，你手机里怎么有这么多游戏，这么多乱七八糟的群呢？”

“都是他们主动加我的，不是我加他们的。我只是看他们聊天。”

我意识到问题的严重性，便与她进行了一次深入的谈话。

“宝贝，你知道吗？手机是一把双刃剑，它既能带来便利也能带来危害。我们要学会做手机的主人而不是被它所控制。”

“妈妈我知道错了，以后我会好好学习的。”

可过了一阵子，瑶瑶哭着说：“妈妈，我的钱没有了，是我微信上的钱，那是我辛苦积攒的压岁钱，是我存好久好久的，准备给妈妈买金项链的钱，都没了。我也不知道是怎么没有的……”

我紧紧地抱住她，轻抚着她的头，拿过她的手机，查看手机消费记录。发现群内有人用红包的手段骗取金钱，瑶瑶没有经受住诱惑，点击陌生链接红包，钱就没有了。

我报了网警，召开了家庭会议，我们都进行深刻的自我检讨。然后我安慰瑶瑶说：“宝贝，你在我身边比什么都重要。钱没有了，这不是你的错，是那些坏人太狡猾了。但这也是我们对于手机的使用规则以及防诈知识学得不到位的体现。”

望着瑶瑶那双充满悔意的眼睛，我深刻地感受到了她内心的挣扎与成长。我知道，这次事件对她来说是成长道路上一次重要的经历和转折点，也是在警示我们要同儿女共成长。

04. 终身学习：陪伴是最长情的告白

“学习是一生的修行，陪伴是最美的风景。”和孩子一起学习，不仅是孩子的事情，也是家长的责任。

在经历了种种挑战之后，我们母女的关系变得更加亲密无间。我们一起制订了学习计划并坚持执行。我因年龄大，忘记了英语和数学基础知识，她就耐心地教我，我感到特别幸福。

有一次，我因工作压力而感到沮丧时，和瑶瑶爸爸发生了口角，瑶瑶闻声过来，抱住我说："爸爸，妈妈，你们别生气了，我会一直陪着你们的。"那一刻我感觉所有的疲惫和烦恼都烟消云散了。

可瑶瑶爸爸则不耐烦地推开她，并大声说："去学习，去做作业。"

瑶瑶委屈地扑进我怀里，带着哭腔说："妈妈，爸爸总是对我凶凶的，我好害怕，我不喜欢他这样，我喜欢妈妈的温柔。"我心疼地搂着瑶瑶说："宝贝，别难过，爸爸很爱你的，只是他的方法不对。"

瑶瑶抬起头，泪眼汪汪地说道："可是他这样凶，我感受不到爱。整个世界，你们是我最亲的人，别人可以凶，亲人之间应该相亲相爱。"我轻轻擦掉她的眼泪说："宝贝说得对，妈妈会和爸爸好好谈谈的。"

瑶瑶却拉着我的手，摇了摇，一本正经地说："妈妈，我们和爸爸一起去图书馆看看关于孩子教育的书，一起看看开心的书。这样，爸爸就知道怎么对我好了，妈妈你也更加开心了。"

我点点头，鼓励道："好呀，宝贝真聪明，知道想办法解决问题了。"

那时，图书馆便是我们一家最爱去的地方。我们喜欢馆内安静和温馨的氛围，在窗外温暖阳光的相伴下，我们沉浸在书海中，简单而快乐。我们还会找一个安静的角落坐下来，一起做题和讨论。在这个过程中，我们相互鼓励、相互支持，共同成长为一个更加优秀的自己。我们从中找到了心灵的慰藉和前行的动力。

回首过去那些陪伴孩子共同成长的日子，看着瑶瑶越来越自信、越来越坚强的身影，我深感欣慰和自豪。我意识到在终身学习的道路上，我们母女不仅仅是一起共绘成长画卷，更是彼此最坚实的后盾，我们一家在知识的海洋中遨游，在彼此的陪伴中收获无尽的温暖和力量。

欢欢

家庭教育是一份爱的传承，
更是一场深刻的自我修行

山东大学MBA，十余年质量管理经验
两个孩子的妈妈
阅读和写作爱好者

有人说，能唤醒一个人的只有南墙，而我则要说，是爱让我勇敢前行！在这个世界上，没有什么比家庭更温暖，没有什么比父母的爱更深沉。在这个充满挑战与机遇的时代，如何培养出既有爱心又有能力的孩子，成了每个家庭的课题。“家是最小国，国是千万家”，家庭教育不仅是爱的传承，更是一场深刻的自我修行。作为已经是两个孩子的妈妈，我想分享我的故事，与大家一起探索如何在爱与智慧中，陪伴和引导孩子更加坚定、有力地走向美好的未来！

01. 爹爹给我无价宝

我生长在农村，小时候，每逢春节，村里就会搭戏台唱大戏。我的父母都喜欢唱戏，他们最喜欢唱的是京剧和吕剧，而我从小耳濡目染，也喜欢上了唱戏。京剧《红灯记》选段《光辉照儿永向前》是我最喜欢的选段之一。我和铁梅虽然生在不同的年代，但是“爹爹给我无价宝”这句唱词同样表达了我对父母的无比敬爱之情！

家里姐弟三个，我排行老二，常听长辈们说，我们小时候家里孩子多，爷爷奶奶又去世早，为了照顾我们，爸爸毅然决然地辞去了在省城的稳定工作。爸爸的这份勇气和担当，令我敬佩，促我向前！

爸爸妈妈平时既要做农活，又要照顾三个孩子，实在是分身乏术，只好决定暂把我送到舅舅家抚养。听妈妈说，我那时候虽小，还不记事，但是，每当她们去看我，我都哭着喊着不让走，这种血浓于水的亲情就是这么神奇，无法用语言表达。爸爸妈妈也心疼我，无数个不眠之夜，无数次内心的煎熬和无法释怀的想念，他们再也不忍心听到我撕心裂肺的哭喊，不忍心让幼小的我失去父母的关爱，一咬牙，又把我接回了家。

回到父母身边，我开心得像小鸟！

爸爸就像一个宝藏，总有讲不完的故事。每当夜幕降临，结束了一天的忙碌，一家人围坐在圆桌旁，我们三个就会仰着小脑袋，叽叽喳喳地缠着爸爸讲故事，这是我们最快乐的时光之一。

乡村的生活丰富多彩，思想开明的父母给了我们充分的自由和尊重，让我们去体验！那时候，整个村庄和田野都是我们的游乐场，大自然随处可见的都是我们的玩具，全村大大小小的孩子都是我们的伙伴，时时处处都能发现好玩又刺激的游戏。我们的童年新鲜刺激，无拘无束，自由快乐。当然，有快乐也有磨炼，我会主动帮父母做家务，忙农活，照顾弟弟。这些磨炼了我的意志，让我知道了什么是生活。

尽管生活艰苦，且乡下重男轻女的世俗观念浓厚，但爸妈却从未放弃过对我们的教育，他们就像魔术师，无论在什么样的困难面前，总有办法克服。爸妈还把我们的奖状贴满一墙，从不吝啬对我们的夸奖。就这样，在父母的支持和鼓励下，我得以安心学习，考上大学，走出村庄。

家是爱的港湾，父母就是我坚强的后盾。父母用他们的教育方式，用他们的爱、陪伴、理解和支持，给了我自由快乐的童年，让我对生活充满热爱，也为我插上飞翔的翅膀，这些都是我一生受用的宝贵财富。

02. 学习是治愈一切的良药

每个人在人生的每个阶段都有不同的追求和梦想。考上大学，带着对未来的无限憧憬，带着父母的爱和期待，我离开了父母的怀抱，开启了我人生新阶段的探索。

相较于高中生活的煎熬，大学生活无疑是丰富多彩的，这打开了我的眼界，也激发了我的好奇心。我知道，除了课本知识以外，还有太多太多东西需要学习。我积极竞聘班干部、加入学生会、参加学校活动等。在这个过程中，我不仅收获了成长，还收获了荣誉，被评为优秀毕业生、优秀班干部，获得征文比赛一等奖等，还争取到班里第一个入党名额。没有人天生就是万能的，是持续的努力与学习，让我越来越接近自己期望的样子。

大学毕业，我面试第一家公司就顺利通过，被寄予厚望，并被作为管培生培养。工作地点是在新建的分公司，和我一样，这里的一切都是全新的开始。

我认真学习，努力表现，梦想着有一天，能够获得更好的发展机会。也许真的应了“念念不忘，必有回响”这句话，没想到机会很快就出现在了眼前。

有一天，公司领导找我谈话，毫无工作经验的我，被提拔到了管理岗位上。可是，理想很美好，现实往往很残酷。很快，现实就给了我重重的一击。我当时负责的是公司的仓储部门，管理着上万种的料品，几亿元的资产，那时候公司还没有管理系统，也缺少完善的管理制度，经常出现各种状况。上班后，我就像打了鸡血根本停不下来；下班后，却感到心力交瘁。我曾在无数个没人的夜里，回到宿舍放声痛哭。不过，凭着自己的坚持不懈和努力学习，我硬是拿到了成绩，实现逆风翻盘。

现在回想起那段经历，就像一场梦，连我都佩服自己当时的勇气。再后来，随着工作角色不断变换，我也应对了很多挑战，但无论任何困难，都不会把我打倒，我反倒是更加从容自信。

那一年，我35岁的年纪，有理想的工作，有幸福的家庭，还有不甘平庸的自己！因新冠疫情而居家办公，这让我产生危机意识，我开始思考：怎么才能拥有永不失业的底气？AI爆火，我又瞬间感受到焦虑和不安全感，脑海中挥之不去的就是：未来，我们的工作岗位会不会被AI取代？

为了寻找答案，我做了两个决定，一是百战归来再读书，白天上班，晚上学习，坐了一年冷板凳后，成功考上山东大学MBA。跳出舒适区，加入优秀的圈子，找到未来的路，成为更好的自己！二是疯狂学习，阅读好书，早起写作。正如季羡林先生所说：“书能给人以知识，给人以智慧，给人以快乐，给人以希望。”写作是与自己内心的对话，每天早上，在那个属于自己，没有喧嚣，不被打扰的时间和空间里，或记录，或盘点，或思考，或规划，流淌出的那些文字都散发着真我的芬芳，且闪耀着思考的光芒。

回顾过往，我发现，人生就像走阶梯，必须一阶一阶去升级打怪。如何在变化的环境中活出自己期待的样子？唯有终身学习和成长！

03. 育儿更是一场自我修行

不觉间，我已是两个孩子的妈妈。有一段话我特别认同：“你的孩子是来度你的，你也在度你的孩子。不愿成长和改变的父母，度不动孩子，也度不了自己，只能和孩子一起痛苦、一起挣扎。”

做了父母，才懂父母。宝宝呱呱坠地的那一刻，我感觉自己的心都融化了，所有的疲惫和疼痛，仿佛全部消失，眼前的小生命就像是上帝给我送来的礼物，多么可爱，多么神圣，我忍不住抱紧再抱紧。那一刻，我深切地体会到，父母对孩子的爱是无私的，发自内心的，甚至是不顾一切的。

受原生家庭教育的影响，我无比爱我的孩子们，我希望他们健康、快乐、自由自在，希望他们独立、自主、热爱生活，希望他们勇敢、坚定、有理想追求；我从不打骂孩子，从不吝啬夸奖孩子；我努力看见孩子，给孩子自由和尊重；我希望他们有独立生活的能力，过上属于自己的美好人生……

正如陶行知所说："教育孩子的全部秘密在于相信孩子和解放孩子。"我结合自己的成长经历、育儿经验和学习收获，总结了三点，与大家分享和探讨。

第一，保护好孩子的好奇心，让孩子大胆探索。

守护好孩子的好奇心，给予他们支持和鼓励，每个孩子都有潜力成为热爱生活、独立自主、有创造力、有自信，有责任感的人。

第二，带孩子看世界，为他插上梦想的翅膀！

世界之大，带孩子去看看，让他们去探索、去体验、去思考、去感悟，见过世面，才能找到要见的世面，为他们插上梦想的翅膀！

第三，为孩子树立榜样，与孩子一起成长。

教育孩子，"身教"大于"言传"。李玫瑾教授说："孩子的表现折射出父母的教育水准。"你想要孩子成为什么样的人，自己就要去做什么样的人。

家庭教育是一段漫长的旅程，它需要父母的耐心、智慧和不断地自我提升。每个孩子都是独一无二的，他们的成长之路也各不相同，但有一点是共通的，那就是父母的爱和教育是他们最坚实的基石。在这个瞬息万变的时代，很多家长常常陷入焦虑的旋涡，孩子们也在痛苦中挣扎，因家庭教育不当导致的悲剧事件屡见不鲜。作为两个孩子的妈妈，我深感自己身上的责任和使命重大。

让我们携手同行，在这场爱的传承和自我修行中，共同见证孩子们的成长与蜕变。愿每个孩子都能在爱与智慧的滋养下，绽放出属于自己的精彩！

张沙沙

让孩子成长的秘密

高级软件开发工程师
国家注册心理咨询师
职业生涯规划师
两个孩子的妈妈

一个能做软件开发的女孩子，她的内心是自豪的，可是她在其他领域一无所知。当她步入婚姻以后，她才发现她并不懂婚姻的本质。有了孩子以后，她深刻地明白自己内心是缺乏安全感的，小时候从父母那里没有得到的爱，便想从另一半身上得到。实际上这是很难的，除非自己先爱自己。

01. 育儿即育己

她怀孕时面临很多磨难，第一重磨难是父亲的离世，第二重磨难是公司裁员潮来了。所以一向乐观开朗的她受到了很大的打击，生完孩子又面临家人不太愿意帮忙看娃的情况。但这并不能打倒她，因为她不是没有经历过磨难。比如上初中时是全年级第一，可中考落榜，没考上好的高中。遇到挫折的她总会平静地熬过这些低谷。

可是她爸爸的离开对她来说有着致命打击，因为在她的信念里，只要爸爸在，她就会有足够的安全感；只要爸爸在，她所有想做的事情都能做成。爸爸是世界上最爱她的人，也是她心中的英雄。办完葬礼回到北京后，她又遇到公司裁员，但同时她发现自己居然怀孕了，公司不能裁掉她。工作上的事并没有影响她，主要是她从爸爸离开的情绪中走不出来，但她又知道怀孕了不能心情不好，这种纠结的情绪让她很崩溃。

不过她和孩子还是受到了影响，生完孩子以后，她的状态很不好，焦虑不安，没有安全感。孩子出生两个月，便患上支气管肺炎，由于医生和身边亲人说孩子病情需要去ICU，所以她一周没有见到在ICU的孩子。孩子这么小就一周见不到母亲，这让她伤心欲绝。她内心充满愧疚，觉得自己没有照顾好孩子。

之后，她开始去学习育儿知识，去泡各种育儿经验群，产后修复群。学习育儿的同时，学着让自己的身体恢复到产前标准体态。她去健身修复也是为了孩子，因为有一次腰疼到没法抱孩子，她意识到自己是否健康会影响能否照顾孩子，自己为了孩子也不能身体抱恙。于是她花钱报了一个产后修复课程，半个多月瘦了7斤。从孕期开始就注重营养饮食，到产后瘦身，她学到不少营养搭配的知识。

随着孩子慢慢长大，她发现孩子身上出现一些小问题，比如孩子容易闹情绪，偶尔不听话。她有一次不经意间看了一场心理学老师的育儿直播，她发现这个老师在直播的时候，孩子出现来打扰老师直播，那个老师三言两语就把孩子安抚好了。她意识到语言的魔力，她很清楚有时候对孩子说话是有方法技巧的，比如孩子哭闹时，先看见孩子的情绪，再认同他、安抚他，最后再给他讲道理。而没学育儿知识之前，一般家长上来就是判断孩子的对错，直接讲道理。

她开始学习心理学，因为她知道能通过学习并了解孩子的心理，从而使得亲子关系越来越好。同时，孩子上了幼儿园以后，她还学习了穿搭技巧。网络上有一句话说："穿着漂亮的妈妈，孩子会更有自信。"作为一个妈妈，她不甘示弱，自己曾经也比较擅长穿搭，只是现在把所有的精力都放在悉心照顾孩子上，忘了爱自己。

她一直以自己的爸爸为偶像，她知道孩子与父母的相处关系，会对孩子以后的人生起到关键性作用，所以她很注重对亲子关系的培养。一个孩子和父母的关系，影响了他未来如何看待世界以及万事万物。养育孩子的过程，也是通过孩子照见自己身上很多优缺点的过程。育儿则是育己。

02. 孩子如同一面镜子，让父母照见自己

有很长一段时间，她的状态并不好，感觉迷失了自己，外界也没人能理解她的感受，因此情绪变得特别不稳定，也感受不到幸福感。她甚至一度怀疑自己嫁错了人。殊不知她自己完全活在了受害者的心态里，好在她的孩子是拯救者。

自从生完孩子，她的职场之路就一直不是太顺利，怀孕期间面临裁员，而且所在部门本身也不是重要部门。过了哺乳假期后，她被裁了，拿到了补偿。但是她不甘心在家带娃，于是又找了新工作。重回职场的她身体已经恢复得差不多了，同时她在此

期间依旧积极学习。可是她的婆家人不太同意她去上班，因为他们不想来北京照看孩子。最后经过商讨，由她的妈妈和婆家人轮流来看孩子。即使是这样，她内心也极度不舒服，感觉很没有安全感，也是由于很爱孩子，担心孩子好不容易与老人熟识起来，之后老人再跟孩子分开回老家，让孩子的分离焦虑加重。后来，她的妈妈要回去给妹妹家看孩子了，这时候她的公公也不能不肩负这边的看娃任务，他不太愿意放弃自己的生意来看娃，于是，她每月给公公4000块钱作为补偿，让他来给照看孩子，老人家这才勉强同意。看孩子的问题，一度让她内心很失落，很受伤。她没法把心思全放在工作上，一到下班就赶紧往家里跑。这样的状态很影响工作，即使能完成工作任务，领导也会觉得她的工作态度有问题。所以她职场不顺，家庭关系也不好。但即使是这样，她还是不舍得丢弃工作。

后来，她学习了一些课程，意识到关系顺畅才是第一步。再次离开职场后，她肩负起照顾两个孩子的责任。她开始觉察自己的情绪，开始写作，开始学习心理学。当她开始改变后，发现亲子关系和夫妻关系都得到了很大的改善。她知道这是孩子带给她的一切，内心对孩子和家人更是充满了感激和爱。

经历了这么多，她突然有了一种豁然开朗的感觉。在低谷中，她试着在身边人身上寻求答案，但是她没找到。后来她真正走出来也是因为遇到了一些好课程，看了一些好书。终于，她明白一个人走入困局时，想走出来，要么遇到高人，要么去书中寻找答案。生命就是一场寻找与找到的游戏，去寻找总会找到答案。这一次的打击真的让她差点放弃寻找走出来的绳索，好在她是有力量的，有责任的，因为爱，使她努力地从低谷爬上来。她也深刻意识到，爱是一种责任。

03. 育儿的重中之重：爱读书

爱读书这个习惯得益于大宝上私立学校，老师给布置的任务是每天要在班级群里读书拍照打卡。最开始孩子是做不到每天看书的，但是即使不看也要坚持打卡，后面发现，打卡的方法居然有效，久而久之孩子喜欢上看书了。到外面上课外班或者旅行住酒店时，只要有书的地方，大宝都会拿起书翻看，而且她脑子里的很多知识，都是从书中学到的。

作为宝妈，之前她没觉得每天看书这个习惯重要，后来发现好处太多了。大人如果没有看书习惯，也意识不到这一点。在陪伴孩子的漫长过程中，她也喜欢上了看书，有时候是一大早起来，有时候是挑灯夜读。后来有个早晨，大宝起床找她，发现妈妈在看书。问了早安后，孩子也去自己的读书角看书了，她意识到是自己的行为影响了孩子。言传不如身教，在这一刻体现得淋漓尽致。

樊登老师有一次在直播间讲过，如果孩子在家看到父母是在看书看报，孩子在耳濡目染下也会去看书。如果家长是在看手机的时候要求孩子读书，那么是没有任何说服力和效果的。于是她开始有意识地去找自己爱看的书，还去参加幼儿园的家长读书会。那一段时间真的觉得陪伴孩子的同时，自己也在自我成长。不知不觉间还正向影响到了孩子，一举两得。

有好几次她都会带孩子去家附近的社区图书馆看书。即使孩子看不懂什么，但是这种氛围却可以潜移默化地熏陶着孩子们。她带孩子去了北京的图书馆，还带他们去老家当地的图书馆，让他们爱上书。她明白，如果不看书学知识，就要跟人学知识，万一遇不到牛人呢，但是书不一样，你可以近距离接触很多牛人。牛人就在书架上，你来或者不来接近，全凭由你。

她也明白，是书中的知识，让她增强意识，升华智慧与思想。鲁巴金说过，读书是在别人思想的帮助下，建立起自己的思想。她可谓靠书帮助自己走出了人生的低谷，同时也学到了很多育儿知识帮助孩子成长。

易学

“易燃易爆炸”妈妈的神奇蜕变

英语老师

37岁之后开始学习街舞、插花、茶艺等

父母的严格教育，让我一直都在做一个“乖宝宝”。不到5岁半就进入小学的我，学习基本从没落下过。考不到100分，被批评时，我会觉得自己不够努力；当年没考上理想的大学时，我会觉得还是自己不够努力。虽然身边有很多赞美声，我却并不觉得自己有多优秀。

可是，我希望做一个真正优秀的妈妈，因为我认为只有这样的我才能教育出优秀的孩子。

随着孩子不断长大，“我怎么这么差劲”的想法又开始不断冒头。我甚至觉得我无法好好教育孩子。

我很容易对孩子发脾气，当孩子因为一点小错误就被我已点燃的暴脾气吓哭时，我会接着吼孩子：“怎么只知道哭？”可当我吼骂完之后，我内心的自责、愧疚又会准时驾到。

育儿过程中，这样的恶性循环给我的感受比生育阵痛还难受。

01. 持续学习，原来“知道不等于做到”

我的父亲非常严厉，我一直在他的严格要求中长大。

小学一年级爸爸给我检查作业时，有一篇数学练习，因为我做错了一道题，爸爸直接把那一页作业撕掉让我重做。当时心里的委屈和愤怒都不敢表露出来，噙满眼眶的泪水也被我死死地憋了回去，因为爸爸说过“不准哭”，哭意味着我还会面临更严厉的批评或冲突。

生下姐姐（大女儿）之后，我一直暗暗告诉自己，我要做一个不吼骂孩子的妈妈，不吼骂在我看来是好妈妈最基本的条件之一。

姐姐进入小学前，我们的家庭关系一直很和谐，几乎从没发生过“河东狮吼”。可姐姐上一年级后，家里的和谐氛围开始被打破。

看到孩子做错了最基本的加减法，我会指责她：“怎么这么简单的题目都做错了？”看到孩子不会做上课刚学的数学题，我会质问她：“你在学校怎么听课的？”

某一天，孩子做题又有错误，我气得直接撕掉了那一页作业。看到孩子想哭又不敢哭的样子，后悔之情立马涌上我的心头。这明明是我曾经那么害怕的家长形象，怎么现在就“完美”地复刻在了我身上？

我开始有意识地提醒自己——“不要吼骂孩子”。可我真的发脾气时，这些提醒都被忘在了脑后。

有一天，姐姐洗澡时跟我说：“妈妈，我觉得你不爱我了！”我当时心里咯噔一声，却又不得不压下内心情绪的翻涌，问她为什么这么想。

姐姐说：“因为你总是骂我。”

我心里仿佛有根弦突然断了，内心的自责和愧疚之情变得前所未有地强烈。

孩子觉得我不爱她，我认为一定是我做得不够好。但是我却不知道应该怎么做才能既教育好孩子，又让她感受到我的爱。

于是，我开始用各种方法寻求答案。

我去看跟育儿相关的书：《正面管教》《原生家庭》《父母的语言》《应对焦虑》《热锅上的家庭》……

我跟别的妈妈请教和探讨，从别人那里学习好的育儿方法。不论是书上分享的故事和方法，还是别人介绍的育儿方法，我都觉得非常好。可一旦我忍不住吼骂孩子，所有方法好像都失效了，我压根儿就忘了这些方法怎么用。

于是我的新一轮内耗又开始了：为什么学习了这么多，我还是没办法做一个不吼骂孩子的好妈妈呢？是不是因为我不够努力？

当我接触线上付费学习后，我从一位优秀的老师那儿听到这句醍醐灌顶的话："知道不等于做到！"

原来"学"和"习"是两件事，并不是我不努力，而是我没给自己足够的时间去刻意练习。孩子在学习上也并不是什么都不懂，她上课听懂的知识可能只是暂时不会应用，她需要时间去消化和吸收。这个时候，作为父母，我们能给予的就是耐心和支持。

没有一蹴而就的学习，只有一步一个脚印的坚持。

02. 接纳情绪，允许我和孩子犯错

姐姐进入四年级后，我开始跟随Luna老师学习，并接触情绪管理和精力管理。我才发现以前我根本不愿意接纳自己的任何情绪和错误，我像要求机器人一样要求自己和孩子而不自知。

我不允许自己对孩子发脾气，不允许自己做不到好妈妈的样子；我也不允许孩子有情绪，不允许孩子随便哭，不允许孩子犯错，不允许孩子跟我对着干，不允许孩子这样，不允许孩子那样……

听从Luna老师的建议，每当我又吼骂了孩子或者情绪上头时，我就去写情绪觉察日记，帮助自己更好地看见情绪和未被满足的需求。

一天晚上，我和孩子发生了争执，当时我立马意识到我的情绪来了。我放下了过往那种“必须把这个情绪赶走”的念头，我先跟孩子道歉，然后离开了她的房间。这一次，我没有立马批评自己吼骂孩子，我选择了跟孩子隔离开，不让我的情绪继续波及她。

为什么我有这么大的反应？因为我看到了曾经和父母发生争执时总是被压制的小小的我。我问自己：我要的是一个唯唯诺诺的孩子，还是一个有自己想法的孩子？很明显是后者。既然如此，

我允许自己发脾气，我也允许她做自己，做一个有想法的孩子。

姐姐上了五年级，一天放学回家，姐姐说老师布置了一个课堂作业叫“感受长辈的爱”。我很好奇地问她写了什么，她第一时间从书包里拿出来给我看，一个做成风车形状的卡片上写着：

“在我生气时，爸爸妈妈总会让我先发泄情绪，再来和我谈话；

“在我伤心时，爸爸妈妈总会先了解情况，再安慰我和说道理，尽量从我的角度看问题；

“在我开心时，爸爸妈妈总会说：‘做得好，今天应该开心！’

“在我平静的日子里，时常有爸爸妈妈的教导和陪伴。”

看完之后，姐姐叮嘱我不准发朋友圈，我连忙应是，只问她：“我可不可以把这个拍照发给Luna老师看看？”她很高兴地同意了。给Luna老师文字反馈时，我在书房里忍不住哭了。

当初姐姐说的“妈妈，我觉得你不爱我了”这句话，整整“捆绑”了我4年。这一刻，那句话如同青烟悄悄散去。

我从一个不允许孩子哭、不允许孩子犯错的妈妈，慢慢变成了现在这样允许她有情绪、允许她犯错，并且我的允许也被她感受到了，这一切都始于我对自己的接纳。

当我开始接纳自己的情绪，允许自己犯错时，我对孩子的接纳度更高了，并且我对孩子的容错空间也更大了。所以，有情绪并不可怕，可怕的是我们光想着消灭它，只堵不疏。

情绪就像盒子里的巧克力糖，它是我们生命中重要的礼物。

03. 放下高标准，允许孩子成为孩子

今年5月，姐姐代表班级参与了所在中学的校园形象大使比赛，经过初赛和复赛的角逐，她最终进入决赛。虽然我们并没有拿到特别满意的成绩，但是姐姐在赛后的一番话让我对她刮目相看。

决赛当天，给她化完妆，我去陪她练习了出场和中间的动作。我一再提醒她，动作要做满，表情要到位。

她一出场，我立刻发现她的声音很颤，感觉到她很紧张。可我已经没办法给予任何提醒，只能继续看她唱下去。

等她表演完，我脑子里一直在想这次表演中有哪些可以优化的点。她一回到班级座位，我就开启了“噼里啪啦”的输出，可她压根没吭声。我朝她看过去，才注意到她眼角竭力忍住的泪水。我的天！我又变成了那个“挑刺儿”的妈，只顾着看孩子哪儿做得不好，根本没顾及她的感受。意识到这时的她心里肯定也是七上八下的，我立马选择了闭嘴。

比赛结束卸妆时，她仍然看起来蔫儿蔫儿的，我就想着怎么安慰一下她。突然，她问了我一句：“妈妈，明年还会不会有校园形象大使的比赛？”我说不知道。她又接着说：“如果明年还有这个比赛，我还要参加！”本以为孩子可能因为三等奖闷闷不乐，

她却已经在思考参加下一次比赛的事了。

直到现在，我仍然记得当时她坚定的眼神和语气。

以前姐姐遇到类似的事，一般会很不高兴，甚至可能对我们发脾气，也对自己发脾气。可是这一次她的心态转变得很快，我为她感到特别骄傲。她已经从那个需要妈妈小心翼翼呵护的小孩，逐渐成长为一个敢于为自己负责的大孩子了！

事后跟朋友聊天，朋友说：“她能站上学校的决赛舞台，已经很了不起了！”

被朋友这么一提醒，我才意识到我的孩子真的已经很棒了。我总想孩子一次性做好，却常常忽略孩子本就是孩子。

静待花开：每个孩子都是一颗好种子，在开花前，我们要做的只是浇水、施肥、除草和等待。

这几年来，我越发感受到自己的幸运。我的两个女儿，让我有机会时刻关注自己的言行和想法。我的大女儿今年即将满14岁，小女儿也即将满9岁。她们会一天天长大，会一天天变成更好的样子，而我要做的只是给予她们爱，接纳和支持她们。

卓然

陪伴孩子成长就是把自己重新养一遍

心理咨询师、心理疗愈师
家庭教育指导师

我的孩子今年只有1岁多，但是在陪伴孩子学习的路上，我却感觉已经走了很久的路。在这1年多的时间里，我经历了百转千回和峰回路转，品尝了人生百态。我深深地意识到陪孩子终身学习是一生的修行。

01. 并肩作战，携手同行

对孩子的陪伴，其实是从胎儿时期就开始的，每一个孩子的胎内记忆都会演变成印痕，成为生命的原点，只是很多时候被我们忽略了而已。作为心理咨询师，我深知孕期的一言一行，对孩子今后的人生都有至关重要的影响。

怀孕9周时，从第一次在B超中看到胎心、胎芽起，我的身份就变成了一位母亲。而我对孩子的陪伴，也就此正式拉开了帷幕。我属于高龄怀孕，整个孕期又经历了新冠疫情最严重的时刻。为了保胎，我选择辞去多年心爱的工作，投入全身心的保胎过程。刚开始辞去工作的时候，我有一段时间非常开心，感觉到一身轻松，终于不用再为工作的事情操心。我每天可以全身心地陪胎儿进行胎教学习。我从网上搜到各种胎教音乐，甚至自己录制、朗读胎教故事，给肚子里的宝宝听，让自己和宝宝更加舒心地度过每一天。

但是很快，经济的压力和与社会脱节的压力接踵而来，我开始感到焦虑。我经常会想，以后生完孩子，再入职场的时候，自己会不会找不到工作？等到孩子长大，我是不是对于社会上的很多知识，都不太了解了呢？想得越多，压力越大。有时候，想着想着，就睡不着觉了。直到有一天，我感觉肚子里的孩子狠狠地踢了我一脚。孩子的这一踢，把我从焦虑中踢醒了过来。我在想，要成为妈妈了，**我应该让孩子出生起的第一刻，就看到一个积极、热爱学习的妈妈，而不是被恐惧和焦虑侵蚀的妈妈**。为此，我开始挖掘自己的兴趣点——阅读写作。通过不断学习精进，我开始尝试给各大纸媒投稿。后来我在孕期写的文章，被发表在了《劳动时报》等纸媒上。这个礼物对于我的孩子来说，比起胎教的学习，意义更加重大，是我送给孩子的第一个学习礼物。

孕期除了在心理上与孩子一起学习外，我在生理上则经历了跌宕起伏的反应。当从孕吐不止的孕早期终于过渡到平稳的孕中期后，我查出了妊娠糖尿病。为了胎儿的健康，我在接下来数月的孕期中，要像一位糖尿病患者一样。每天监测自己的血糖，并严格控制饮食与体重的增长。每天我都要给自己扎指血针，一日三餐的同时要监测自己餐前、餐后1小时及餐后2小时的血糖。这么一天算下来，我要扎自己9次指血来测验血糖指数。连续测几天下来，手指就快成了筛子。尤其当我发现吃了某一顿饭后，如果血糖飙升过快，我就要重新评定自己的饮食量与结构。为此，我特意买了一个小秤，以克数来严格控制自己的饮食。比如一天当中，肉只能吃4两，主食只能吃一拳的量，盐只能吃一小勺。而且每天要尽可能做一些如散步之类的运动。当我为自己控制血糖而努力时，孕中期又出现了假性宫缩。肚子一阵一阵抽搐着疼，最疼的一天每隔5分钟就要疼一次。当时的我非常担心是否能保得住孩子，于是我又四处求医，终于治疗好了假性宫缩。

在整个孕期中，面对一个又一个的困难，是我肚子中的孩子给了我无穷的力量，让我有勇气一次次地闯关成功，不断突破自己、战胜恐惧、战胜焦虑、取得成果。**是我的孩子，让我切身地体会到什么叫作为母则刚，一位妈妈勇敢地战胜困难，并做好自己，就是给孩子树立最好的学习榜样。**

02. 拥抱焦虑，重获新生

本以为孩子的平安诞生，是我取得胜利的标志。令我没有想到的是，其实新的挑战才刚刚开始。孩子刚出生的第一个月，我每天都特别的困，总想睡觉。但是刚出生的宝宝就面临着人生中的第一个大事件——学习喝奶。

妈妈的乳汁就是宝宝最好的饮食。孩子只有吃好了，才能好好睡觉，好好长身体。但是新生儿的胃口就像他们娇小的身体一样，每次只能吃一点，每两个小时吃一次奶，每次吃半小时。我的宝宝有时要睡三四个小时也不醒，一开始我是不敢叫他起来吃奶的。但是因为后来孩子的体重不达标，我就给自己定闹钟，定时叫宝宝吃奶。可宝宝并不是每次都能好好配合，有时睡着觉，完全喂不进奶水。我和孩子整整磨合了两个月，才算把吃奶这件事情配合好。

解决好宝宝的吃奶问题，作为纯母乳喂养的妈妈就要开始和堵奶的问题作斗争。一开始孩子的吮吸经常会让我疼痛不已。我因为涨奶，还得了乳腺炎，疼到连衣服碰一下都难忍的状态。作息时间全部打乱，每天都要配合孩子的时间喂奶，根本不能睡一个完整的觉。还有就是剖宫产的伤口总是经常隐隐作痛。为了让孩子有充足的营养，我开始在产后天天喝各种肉汤，还不能放盐。经过两个月的努力，我成功增重，让自己比产前还要重20斤。随着宝宝月份的增长，我望着镜子中自己肥胖的身材，感觉特别自卑。

除此之外，在孩子6个月的时候，因为生活突遭变故，我又患上产后抑郁，整夜睡不着觉，吃不下饭，每天看周围都像是灰色的世界一样，对任何的事情提不起兴趣来。

直到有一天，在怀中的孩子因为吸不出奶来，撕心裂肺地哇哇大哭。**婴儿的哭声唤醒了母亲内心深处最强大的力量。这股力量支撑着我，要勇敢地爬起来，陪伴孩子好好生活。**陪伴孩子生活的勇气，激发了我战胜困难的勇气和信念，教会了我直面困难、解决问题的策略和方法。

03. 积极生活，再次出发

走出抑郁、通往光明的一扇大门就是背着1岁的孩子去参加学习、重新连接社会。为了节省更多的时间，我很多时候都是在网上自学。孩子午睡、晚上睡觉的时间，都变成了我的学习时间。为了节约时间，我的线下课一般都会从早上9点上到晚上10点。中间为了让孩子看到妈妈，我会每隔2个多小时，跑回酒店房间，要么陪孩子玩会，要么给孩子喂奶、哄睡。很多个周末，我都是这么带着1岁的孩子度过的。既陪伴了孩子，又进行了学习。我把之前认为不可能的事情变成了可能。

通过心态的调整，我学习到作为妈妈，陪伴孩子生命中的头三年时光，对孩子安全感的形成非常重要。曾经我觉得每一天都很累，常处于负面的情绪中。但是现在，我把每一天和孩子的相处，都看成疗愈自己最好的途径。我越来越意识到，孩子一天天长大，让我格外珍惜与享受与宝宝亲密无间的时光。**当我带着觉知去陪伴1岁的孩子时，我就像把自己也重新养育了一遍。**我们一起去感受正念的练习。**孩子会伸出小手，感受风的存在，**感受每一片叶子的纹理，感受大树的树干。孩子会踩在不同材质的地面上，感受每走一步所带来的不同触感。甚至孩子会把花生放进脚趾间去感受走路的乐趣。

当我陪伴孩子做这一切时，我发现我早就失去了这份最纯粹的感知力。于是，我开始跟着孩子一起学习，伸出手，去感知这个早已熟悉的缤纷绚烂的世界。我们在一起学习小蚂蚁是如何搬家的，飞舞的蝴蝶是如何扇动翅膀的，群居的鸭子是如何安排吃饭顺序的。

在陪伴孩子的过程中，我充分意识到，作为家长，我们应该照顾孩子的感受，而不是满足自己的期待。我会给孩子充分的空间，让孩子有选择的权利。比如，在坐小火车的时候，我会让孩子自己选择坐喜欢的那辆小火车。可是，每天我都会碰到不同的家长，即便在孩子做出选择的前提下，仍然要求孩子坐家长认可的那辆小火车。我会告诉孩子他有哭的权利，因为他会委屈、会害怕。我会教孩子建立边界感，遇到小朋友想抢他的玩具时，他有说不的权利。而不是碍于家长的面子，强制孩子同意。**即便是婴儿时期的孩子，仍然需要被肯定、被理解与被接纳**。

另一项重要的学习心得是，**作为父母一定要做到情绪稳定**。比如在我高烧、孩子也高烧的时候，我仍然会做到情绪稳定；半夜开车时，我能冷静地带孩子去就医，同时还要照顾、安抚孩子的情绪。当孩子第一次坐旋转木马害怕的时候，我稳定的情绪让孩子很快战胜了恐惧并安静了下来。**作为妈妈，我们稳定的情绪会成为孩子最有力的支持**。

作为妈妈，学习如何与孩子相处是一辈子的功课。随着孩子年龄的增长、需求的改变，作为陪伴在孩子身边的家长，我们需要做的是不断地学习。**每一次的蜕变，都会产生剧痛。其实，孩子才是父母的老师。在养育孩子的过程中，如果我们哪里被触痛，其实哪里就是我们需要疗愈的地方。育儿即育己。**每当我们以为可以平步青云的时候，生活都会以它的方式给我们上课。都说为母则刚，当我成为母亲，我也越来越感同身受这句话的分量和意义。**我们需要的就是稳住自己，重新整装，一次又一次地再次出发。生生不息地陪伴孩子，一起终身学习。**

张菊花

智慧的双重路径：学中悟，悟中学

高中老师

回忆起高中，你记忆最深刻的是什么？我最深刻的是做不完的卷子，背不完的单词，考不完的试，然后老师说："考上大学就轻松了！"就为了这一句话，我不断地学啊！终于冲上大学这座山，尽情领略"一览众山小"的美景，心情舒畅，心里暗暗地想：学习的苦，终于熬过去了！

进入新单位，慢慢熟悉环境，同事告诉我，研究生学历评职称很容易。听完后，我可开心了，终于可以舒一口气了。上班摸鱼，下班划水，妥妥躺平。深深感觉到自己熬出头了，不用考试，不用卷，这都是什么神仙日子？心里美滋滋的。论文？比赛？我都没有兴趣。

在这舒坦的日子里，唯一让我不开心的是学生的学习。为什么这么简单的题目，他们都不能做好呢？为什么就不能好好学习呢？我看着很生气但又百思不得其解。就这样，我在与学生斗智斗勇中，到了评职称的时间。我心里窃喜，肯定没有悬念，一定能拿到一级。

殊不知，政策改变：评职称需要竞岗，凭业绩考核。听到这消息，犹如晴天霹雳，我肠子都悔青了！对手们都是很努力的人，公开课、比赛、论文都很积极参加，估计分数都会比我高。那段时间的煎熬，犹如钝刀割肉，一刀一刀慢慢割，痛感无限延续。我只能告诉自己，事情已发生，后悔无用，唯有努力做好当下，不轻言放弃。即使这次不行，也是为明年积累经验。经历这件事之后，我深深地体会到，人生没有“如果”。

幸运的是，自己因为教学业绩还是顺利评上了职称。

这件事，让我明白平时的每一分努力，都是积累抵抗一切风雨的底气。

01. 追求卓越：自我提升的旅程

我开始努力工作，不再有丝毫懈怠，努力探索，关注当下。我想要做一个更好的自己，生活上做情绪稳定的成年人，克服“易燃易爆”的情绪。工作上，做一个专业能力强的人。

为了成为这样的人，我开始向外学习，甘愿吃学习的苦，投资自己，成为自己。2022年的每个月我都在学习，一个课程接着一个课程，我就像一块海绵，不断吸收知识的水分。遨游在知识的海洋中，打开了认知大门，我发现以前的我如河伯之观海，如井蛙之窥天，那时才明白即使自己有学历，但要学习的还有很多，并不能像曾经大人说的那样，工作之后就轻松了。学无止境，应奋进不息，走出舒适圈，勇攀知识高峰。

学习的第一站是瘦身，我沉浸在瘦身营中，听话照做，清淡饮食，细嚼慢咽，让我尝到了学习的甜美果实。不到两个月成功瘦了10斤，直到现在体重也没有反弹。瘦身这件事，让我明白，做好计划，认真执行，允许自己慢慢瘦下来。正如《认知觉醒》中说的，我们想要实现某个目标，不要着急，一步一个脚印，允许自己慢慢变好。如减肥，要给自己一年的时间养成好习惯；如学习某种技能，给自己3年、5年乃至10年的时间来沉淀，终会由量变引起质变的。

在学习力训练营中，老师问我们："学习什么时候开始？什么时候结束？"我认为学习就是老师讲的时候开始，老师讲完就结束；有的同学说老师讲的时候开始，生命终止的时候结束；有同学说学习没有结束……老师告诉我们："真的开始用的时候才是学习的开始，已经内化成自己的学习才算结束。"当我听完答案后，心中一颤，惊觉这是一个直击灵魂的拷问，学习这么多年，竟然对学习的理解是片面的。听课做很多笔记，以为这就是学习。只听不实践，知识不是自己的，却认为自己学到知识了。这犹如蜻蜓点水，浅尝辄止。

真正的学习，唯有听，赋予行动，不断实践，不断复盘，形成闭环，熟能生巧，才能内化成自己的。就像庖丁解牛20多年，从"目有全牛"到"目无全牛"，最终可以"切中肯綮、游刃有余"。我们的学习不正是如此吗？从陌生到化为肌肉记忆，需要大量的练习。

正如陆游所说，"纸上得来终觉浅，绝知此事要躬行"，只听不会带来变化，实践才会产生价值。

02. 深度学习：质量胜于数量

当我开始真正明白什么是学习，才发觉自己走过很多错路。每个月都在学习新的课程，哪里有时间实践，把知识内化？学习的内容没有经过实践，知识就永远只停留在笔记本上，知道与做到就隔了一个太平洋。听时醍醐灌顶，打开了认知大门，但最终若是对自己实际生活没有多大的改变，那么这是伪学习。

我意识到真正的学习，不在于学多少，而在于学的质量。少则多，多则惑。我开始梳理学过的课程，并开始实践学过的知识。最终明确学习的目的：学自己所需的，不跟风，用足够的时间实践内化，不内化不学新课程。

我发现，不仅学习上要实践，要重视学的质量，阅读也是如此。我曾经看到有人一年阅读300本书，惊讶别人看书之快，看书之多，并想效仿学习他。当时心里问自己，为什么别人可以看这么多，而我却不可以？看到朋友圈分享的书，赶紧收藏买回来。有时候想偷懒，内心有一个声音告诉我再不努力，以后都没有朋友了。大家都在努力，你不努力，别人越来越优秀了，谁跟你玩？我开始逼自己阅读，虽然看过很多书，但最终什么也没记住。走马观花，为读而读，怎么会有收获呢？阅读也是学习，不经实践，怎得收获？我不再羡慕，不再焦虑，开始走属于自己的阅读之路。以前我喜欢看畅销书，现在更喜欢看专业的书。一本逻辑书，一年内看了6遍，之后阅读大量相关文献，完成两篇专业论文并获奖。一年只读《曾国藩家书》，深挖他的精神，践行他的理念。比如早起，又比如“一句不通，不看下句；今日不通，明日再读；今年不精，明年再读。”

学习如同挖井，与其挖井多而都没有泉水，不如守一井，力求及泉而用之不竭。

03. 成长步伐：慢即快

后来，有朋友跟我说，计划一年看70本书，邀请我共读，我微笑拒绝。

后来，有朋友跟我说，有个课程很好，要不要一起学习，我也微笑拒绝。

后来，我不从众了。学然后知不足。越学，我越知道自己的不足，知道自己很渺小，懂得少。我不再像从前那般胡子眉毛一把抓。我找到了自己，明白自己想要什么，于是坚定地朝着自己想要的方向前进。

我开始理解，有些弯路是人生的必经之路。

倘若我没有那躺平的几年，怎会经历痛苦，然后反思，知道必须很努力才能得到自己想得到的？痛苦＋反思=进步。足够的痛，带来彻底的改变，最终迎来新生。

通过学习，我发现我变了，世界也变了。以前辅导外甥写作业，看着他的各种坏习惯，很着急，不自觉地“燃爆”自己，用血脉压制他，导致他很怕我，我们的关系很不好。现在，我明白孩子养成一个好的习惯不是一朝一夕的事，需要家长长时间正确地引导与陪伴才能形成。比如阅读习惯，以前我总是嘴巴上说“你今天阅读了吗”“快点看书”“今天读10页”“坐好”“别说话”……语言上要求他做到我的要求。现在，更多的是在行动上引导他。记得有一次让他看书，他拒绝。如果是以前的我，我肯定会批评他，然后威胁他不看书就不让他看电视，不带他出去玩。现在的我，即使被拒绝，也不生气、不着急，自己会默默地在一旁看书。过了不久，他也会拿出书，一起阅读。给他买的书，和他一起看，一起讨论故事情节，尊重他的观点，分享我的观点。带他去图书馆，看到有趣的书，他就会跟我分享。每次看到他的作文我都挺欣慰的，那是有血有肉有个性的文字。

看着他认真阅读的样子，我顿悟，爱，不是语言责罚，而是陪伴。

从容地接受他的现状，陪伴他慢慢成长，允许他慢慢成长。

我也开始理解我的学生，以前的我是用成人的思维看待他们，简单的题不会做，说过很多次的知识还是记不住，不好好学习。这样的我就像站在路的远处告诉他们前方的路很好，但你要好好学习才能到达。但他们就是不好好学习。现在的我明白了，他们不是不想做好，而是不知道如何做好。我观察后发现他们不停学习新知识，没有实践，没有内化，知识点模糊，新旧知识不能建立内在联系。于是，我开始教他们为知识“结硬寨，打呆仗”，告诉他们对每一个知识点，要练习巩固，花时间明确错误，集中精力攻克，不要只写上正确答案，更要对错题背后涉及的知识深挖，同类型的题目反复做几遍甚至上百遍，直至不用思考能够回答出来。并鼓励他们，不要急，允许自己慢慢进步，每朵花的花期都不一样，不要羡慕别人的绽放。高考成绩出来，我收到很多学生的感谢，那天是我最开心的一天！

在陪伴孩子成长的过程中，我明白教育的真谛在于点燃心灵，引导觉醒。我所走过的弯路，每一次的反思与成长，都成为我教学旅程中的宝贵财富。我愿以耐心为帆，认知为舵，实践为舟，与孩子们共同探索知识的海洋。成长的道路虽然漫长，但每一步都是面向未来的基石。让我们在教育的旅途中，不断求索，共同成长，相信每一朵花都有其独特的花期，终将绽放出属于自己的光彩。

丁慧娟

做最好的自己，
做闪闪发光的妈妈

一位与学生并肩作战十余年的老师，也是家庭教育指导师

一位热爱美食且爱孩子的育儿达人

我们都曾经是孩子，成年后我们又有了自己的孩子。孩子给我们带来希望和快乐，也给我们带来困惑和焦虑。

这个世界总是充满不确定，它有时候优待我们，有时候对我们凶残。我需要做的就是不间断地成长，努力提升自己内在的确定性。

01. 一波三折，好事多磨

2020年新冠疫情期间，我的宝宝出生了。这一年，我做好了一切准备，只为迎接宝宝的到来！怀孕期间一切正常，连呕吐反应都没有，生产过程却异常波折，从有明显规律的宫缩到开口六七指，苦苦硬撑了35小时。那会儿我异常清醒，医生一次又一次地建议我打无痛，而我就想自然分娩，坚持拒绝无痛。生产过程非常缓慢，最后医生为了加速产程，给我人工破水。又过了一会儿，检查显示羊水浑浊、胎儿窘迫，需要加急转剖，否则孩子有生命危险。一听说有生命危险，我立马害怕了，医生说啥就是啥，只要对孩子好，剖就剖吧……

打上麻药后很快就没有那种痛不欲生的感觉了，终于和我的宝宝见面了！被憋得浑身通红的小人儿，你也辛苦啦！生孩子不容易，后面还有更痛的：便秘、严重堵奶、伤口撕裂错位……每一关都异常痛苦。两个胸就像坠了两块大石头，关键是医院只让一位家属进病房，根本忙不过来，生孩子的每一步都痛彻心扉！最欣慰的是宝宝健康可爱，妈妈这个角色让我无比开心，小家伙一天一个样，每天一个变化，真是越看越爱。

02. 爱与自由：最好的教育

孩子像一粒种子，有天然的生命力，新生儿有自己的精神胚胎，父母只需要提供阳光和水，精神胚胎就可以引领孩子成长，创造自我。

孩子从出生的那一刻起，就在以我们看不见的速度疯狂地、热烈地吸收着周围的一切，眼睛、鼻子、耳朵、手、脚丫……身上的每一个器官都在拼命地生长。身体的自由是孩子走向人的起始，自由使用和支配自己的身体，不仅能发展身体，同时也能发展情绪、感觉、心理、认知和精神，禁锢一个人，无疑是从身体的禁锢开始的。

孩子在不同的年龄会用不同的方式探索这个世界，如翻身、坐立、爬行、走路、抓饭、玩水、玩沙、乱画……这一系列的动作，孩子都在以我们看不见的速度疯狂成长。作为一个和孩子打了十多年交道的教育工作者，我经常看到这样一幕：不让娃走，担心危险、担心把娃累着；不让娃抓饭，担心娃吃不饱、担心把衣服弄脏；不让玩水，担心娃着凉、担心把衣服弄湿。不让这样不让那样，一个活生生的小生命经常被气得嗷嗷哭。**被束缚的生命没办法发展出精神内核，作为父母，我们不需要过多地干涉孩子，爱孩子，就要给他自由！**

孩子早期的学习就是靠眼睛看、耳朵听、手摸、皮肤感觉……这些方式来完成生命的初始学习的。**尊重生命自然的规律，孩子会在精神胚胎的驱动下如高速列车一般呼啸成长。**

就是按照这样的节奏，我的儿子早期成长得非常好，身体健康，情绪稳定，超级爱笑，运动、语言等各项指标都超级好。很多人都说，你家孩子养得太好了，怎么养的呢？我被无数人羡慕得不行……

03. 为儿童创造适宜的成长环境

想发展什么，就先创造相应的成长环境，孩子很快就会习得。以下是我遇到的困惑与应对的方法，非常有用，希望对你有借鉴意义。

新环境刺激语言发育

儿子出生的第一年成长得非常好，被无数人羡慕：六个月就会叫“妈妈”，而且声音非常清晰，没过多久就会叫“爸爸”“奶奶”，语言功能发育得超级棒。但是一岁至两岁这一年家里发生了各种各样的变故，尽管我还是和以前一样，只要不上班，其他的时间全部用来陪孩子，但是除了我之外，帮忙照顾孩子的其他人一直在变：爸爸、姥姥、奶奶来回换。几个月后孩子开始变得焦虑，睡眠很浅很浅，非常难入睡，稍有动静就惊醒，到后面我每次出门去上班，都是一场身心撕裂的大“战役”。有长达半年的时间，宝宝的语言功能好像停止发育了一样，还是只会叫“爸爸”“妈妈”“奶奶”，其他的都不会说……

意识到问题的严重性后，我决定全职带孩子，**时刻关注宝贝的情绪变化，每天带着他做户外运动，定期逛火车博物馆、汽车博物馆、海洋馆、科技馆、天文馆、儿童图书馆、儿童乐园等，环境上给予各种感官刺激，心理上给予安全陪伴**……很快，我的宝贝开始说“大树”“大象”“汽车”“谢谢妈妈”之类的话，由简单的词到简单的短句，再到长句，语言能力追上来了！

专门打造环境，让阅读和运动随时随地展开

人是环境的产物，环境对于孩子的成长至关重要。我深知阅读和体能对孩子的重要性，关于阅读习惯的养成、体能锻炼，我**遵从环境第一的原则**，在家里放置了大大小小各种书架，客厅、卧室、阳台、娱乐区……只要孩子能走的地方都有书的影子，所以我家孩子对书从来不排斥，很喜欢读书，是个名副其实的小书虫，但是有段时间他接触的电子产品有点多，对书的兴趣就没有那么强烈了，后面严格控制电子产品的使用时间，慢慢又步入了

正轨。

在运动方面，我根据孩子的年龄特点，先后在家里布置了各种孩子能玩的运动器材，如软垫、大龙球、蹦蹦床、秋千、吊环、整套拳击装备等，即便是在疫情期间，也不耽误孩子锻炼，所以我儿子的身体素质非常好，跳蹦床能不间断地跳半小时，只要看到蹦床，儿子就能沉浸式地表演各种花式跳，异常专注且热爱！自学轮滑，两天就学会了，对于不会的运动也不排斥……专门打造的环境让阅读和运动随时随地展开！

在玩耍中锻炼勇气

有段时间儿子有些胆小，遇事往后缩，和小朋友发生冲突也不敢表达。正值暑假，我的做法是每天晚饭后带儿子**去小朋友聚集最多的广场玩**，那里每天都聚集了不同年龄段的小伙伴，公共区域由于娱乐设施就那几个，大多数时候孩子们都是混龄玩耍。有的游戏项目需要互动合作，如攀爬大转盘，需要大家一起齐心协力才能转；有的需要排队等待，如荡秋千、滑滑梯等。孩子们充分发挥他们的创造力，玩得花样百出，两个小时下来，孩子们一个个都大汗淋漓，非常过瘾。运动、社交、勇气……在玩耍中全都得到了锻炼。就这样，我每天都带着儿子去广场玩，连着去了三四天，儿子的胆量以肉眼可见的速度在增长，社交能力也有非常明显的进步，**孩子就是要在现实生活中才能得到成长呀！**

04. 做最好的自己，做闪闪发光的妈妈

世界总是充满不确定性，它有时候优待我们，有时候对我们凶残，应对它的唯一办法，是努力提升自己内在的确定性。

我非常喜欢和孩子在一起，渴望参与儿子每一个阶段的成长。同时我还想成为孩子的榜样、力量和精神支柱，成为儿子眼中闪闪发光的妈妈。我清晰而明确地知道：**孩子在幼儿阶段生理上的需求更多一些，而随着年龄的增长，他们更需要精神上能够与他们共舞的妈妈**。所以，我需要先成长，成长为自己喜欢的模样，这样才能更好地引领我的孩子成长。

我的行动有哪些呢？

我从一个深度熬夜的重症患者变成了一个早起阅读、写作，深度践行终身成长理念的妈妈。**公众号“娟娟的院子”**里面的每一篇原创文章都是我一步步走过来的痕迹，刚开始写没多久，我已经写出多篇阅读量超过10万的文章。我的目标不仅仅是自己要做好，还要和一群妈妈们一起做得更好。参与本书的写作是我的起步，后面还会有第二本、第三本、第四本……

我做好了和孩子一起终身学习的准备，把自己热爱的教育践行在孩子身上，能够亲眼看着孩子一点点成长，是一件非常幸福的事情。未来很长，宝贝，我们一起成长！

谁的生活都不是完美的，养娃也不会一帆风顺。允许有裂痕，接受不完美，总结经验，继续成长，裂痕处也是阳光能够照进来的地方！

王棕宝

先成为更好的自己，
再成为更好的妈妈

新晋宝妈
为国资央企提供内容服务10余年

2024年4月的一天，手术室内8厘米的麻醉针扎进我的后背，感觉腰部以下一阵暖流过后便没了知觉。因为紧张我双眼紧闭，不知过了多久听见耳边有类似高压水流动的声音，我把眼睛微微睁开一条小缝，看见透明导管里有红色液体快速从眼前“飞”过，之后就听到婴儿的啼哭，我知道“小橙子”你终于来到我身边了。感谢你选择我做你的妈妈，让我顺利升级，解锁人生新角色。小橙子，从你的视角来看，是不是和赵雷《我记得》那首歌唱的一样：“我看到几个人站在一起，他们拿着剪刀摘走我的行李，擦拭我的脑袋没有机会返回去，直到我听见一个声音，我确定是你。”是呀，小橙子，这个熟悉的声音就是孕期每天和你说话的妈妈啊。

小橙子，谢谢你成为我的孩子，我是第一次当你妈妈，你也是第一次做我的孩子，从此陪着你终身学习将是我一生的修行，更是妈妈永远不能返回的远征。你知道吗？成为妈妈之前，我也是一个自由自在又努力向前奔跑，倔强地要成为更好自己的女孩子。因为未来我们要一起成长，现在和你聊聊在你出生之前，妈妈在成长中做对了什么以及那些不满意的地方，最后还要请你督促妈妈先成为更好的自己，再成长为更好的妈妈。

01. 勇敢让我成为更好的自己

“我把电视台的钥匙放到桌子上，随手带上门，只听身后砰的一声，我知道，这一程真的谢幕了。”这是2014年6月5日凌晨2点多，妈妈结束毕业后第一份工作，写在微信朋友圈的动态。当年因为热心帮别人录制一条语音广告，妈妈便幸运地从事自己喜欢的工作，成为国企电视台的一名播音员主持人。在这里妈妈完成了从学生到上班族的角色转变。如果妈妈没有那么多的好奇心，可以一直安稳地在这里工作。普利策说过：“记者是社会这艘大船上的瞭望员。”随着时间的推移，妈妈发现从事公司内部的宣传工作不能让我接受更广阔的信息，工作这么久，妈妈似乎还没有体会到瞭望员的快感，于是妈妈决定再一次出发。

就这样，妈妈终于揣着对财经媒体的向往，决定抛开安逸舒服的环境一头扎进那个叫作“帝都”的城市。有人告诉妈妈，北京是一个由钢筋混凝土所围起的城市牢笼；有人还告诉妈妈，北京是政治、经济、文化中心，只要你愿意努力，你也可以在那里经营你的绿洲，筑起你的城堡。面对不同的声音，那时的妈妈就像小马过河里那匹不敢前进不想后退的小马一样，犹豫着，惶恐着。经历了一段时间的挣扎和恐惧的折磨后，终于勇敢地迈出辞职这一步。辞职，就意味着一切归零，重新开始，妈妈心里装满了惶恐和不确定，开始了北漂生活。

果然，刚到北京它就给了我一个下马威。我去新单位报到正赶上下雨，为了抢活，司机把我扔在半路上了。我在风雨中不知所措地拉着皮箱在破旧的汽车修理部的墙根下避雨，忘记脸上流的是泪水还是雨水。在北京奋斗的这几年，感觉北漂要经历的一些必答题，妈妈都遇到过且都努力通过了：租房被坑困在花园的哭泣，通宵熬夜赶稿的疲惫，合租房里没有阳光的忍耐，拖着疲惫身躯走出地铁的坚持，有时完成一些目标的欣喜……

纵观十几年的工作经历，妈妈从国企宣传部出发，到财经类期刊专攻策划、采编、撰稿，又到央企旗下企业做品牌建设，后来有机会服务国家部委。工作上从写最基本的消息到写大稿，牵头策划并落实大专题，再到涉政务及企业舆情分析，围绕“码字”这个核心，妈妈不断拓展内容生产能力，多元延伸工作技能，打通ToB（指电子商务中企业对企业的交易方式）和ToC（指电子商务中企业对消费者的交易方式）领域内容生产和监测的全链条技能，拥有自己的技能基本盘和职场护城河。

奔跑在自己喜欢的赛道上，妈妈的努力终于也有了成果。2021年，妈妈户口进京，而也是在同一年，在这个城市的万家灯火里也有一盏灯是为我而亮。感谢命运的疼爱，让妈妈所有的努力都有了满意的收获。

有时安静下来回想起这一路的奔波，妈妈会感谢那一次的勇敢决定让妈妈更接近那个更好的自己。正是那次跟随内心的选

择也让妈妈对勇敢有了新的认识和理解。“勇敢”不是无所畏惧，而是明知道有风险、有困难依旧有咬牙前行的勇气和行动。

02. 成长中总有弯路需要穿越

勇敢让妈妈遇见更好的自己，但是在成为更好的自己的路上有一些弯路却让我吃了苦头。妈妈提前说给你两点成长路上的教训，希望能对你有所帮助。第一，身体健康永远是第一位；第二，什么年龄做什么年龄的事情，特别是结婚生娃这件事确实有时间限制。

2017年9月13日00：03，妈妈在朋友圈写道：“已经倒霉到极点，跑一天，又加一晚上班，回家整理材料就不小心按错一个删除键，材料都没了。明天采访内容一点没准备，又倒霉、又笨、又没有好习惯。没疯，是崩溃，是崩溃。”6：12，妈妈在朋友圈写道：“早起准备材料，看见这句‘……一派节日的喜庆气氛’我笑出了声音，起床气一扫而空。”9：07，妈妈朋友圈更新：“昨天晚上的材料没了，已经处于崩溃边缘，今早打起精神继续上阵。有一种奇葩叫女汉子，她可能随时崩溃，但也能快速自我修复。”

凌晨还在崩溃，早上6点开始准备材料和提纲，上午9点已经赶到采访对象的办公地点……这是妈妈当年拼命工作的一个缩影。妈妈并不是不提倡努力工作，但是千万不要透支健康和休息时间来工作，因为健康永远是第一位的。再后来，透支未来的努力确实让妈妈也尝到了苦果。因为身体原因，妈妈曾错过很好的晋升和成长的机会，所以，孩子请一定要爱护好身体，不要透支健康，因为健康的身体永远是一切的本钱。能力决定下限，精力决定上限，保持身体健康，能应付繁重的工作，是一个职业选手非常重要的能力。

工作、学习、赚钱……是一辈子可以持续的事情，但是生孩子是有年龄限制的，所以什么年龄做什么事情，如果你选择过大多数人那种结婚生子的生活，请尽量在最合适的年龄，该结婚就结婚，该生孩子就生孩子。因为什么都能等，但生孩子不行。妈妈因为是高龄产妇的原因，走了很远的路，吃了很多的苦，才成功升级为妈妈。

一直以来妈妈觉得人要用智慧的头脑和眼光去避免那些不必要的困难，同时要怀揣一颗勇敢的心去享受那些无法避免的挫折和难题。妈妈排除万难，终于走出了困境。是的，小橙子，**成为更好的自己的路上总有弯路要跨越，妈妈把它分享出来，希望对你有所帮助，但是并不强迫你必须这样做。因为正如纪伯伦在诗中说的一样："你的孩子通过你来到这世界，却非因你而来，他们在你身边，却并不属于你。你可以给予他们的是你的爱，却不是你的想法，因为他们有自己的思想。"**

03. 做自己和当妈妈并不冲突

我从30岁熬到37岁才成为妈妈，本以为已经做好充足的准备，但是当剪断脐带的那一刻，你成为一个独立的个体时，我发现生孩子真的是一件糟糕的事情，妈妈必须因为眼前这个小宝宝做出太多主动或被动的改变。

在你进入厌奶期时，妈妈买了游泳桶让你多运动促进消化。新工具第一次用，身边有人看护着才比较放心。爸爸着急要独自先给你洗澡，正在用吸奶器吸奶的妈妈，突然听到你一阵大哭，原来你喝了洗澡水呛到了。看见你眼睛和眼角通红时，我立刻就"炸"了，猛地踢走游泳圈撒气并和爸爸发生了激烈的争吵。后来我就一边哭一边给你做抚触，就在那时妈妈对整个世界都充满了敌意。

其实你出生后的很长一段时间，妈妈变化很大，时刻都在挑剔、指责，别人抱你的时候不能竖抱，不能摇晃，家人看你的时候必须洗手、换衣服并保持说话的距离。家人都被我说教了无数次后，家庭气氛很是压抑和紧张，而我也感觉整个世界都是拧巴的。

妈妈有很多种，伟大的、牺牲的、唠叨的、拧巴的，但是仔细想想，我真的不想成为一个拧巴的妈妈，不想憋屈在一个叫

“妈妈”的头衔里，不想被“妈妈”这个角色封印。我应该继续做回那个健康有活力、热情有底气的自己。

演员孙俪在接受采访时说，要做独一无二的自己。她觉得无论你是妈妈，是女儿，是演员，只有把自己个体做好了，才可以绽放光芒。对啊，妈妈首先是自己，才能是小橙子的妈妈。当我想通这件事情后，我放松了很多，甚至唤醒了那个更好的自己，并惊喜地发现，其实在你出生之前就已经开始和妈妈一起学习和成长了。整个孕期你就是妈妈的健康管理师，习惯熬夜的妈妈因为你的存在，努力做到早睡早起，也习惯了按时休息，规律吃饭，养成了好的生活习惯；你还是妈妈的健身教练，为了控制体重和增强体力，孕中期妈妈坚持上午跟着直播间运动90分钟，晚上跟着直播间运动85分钟；你还是妈妈的高级营养师，为了吃得健康以及以后可以做出营养健康的辅食，妈妈报班系统地学习公共营养师的课程。

小橙子你知道吗？在你和妈妈合体的日子妈妈又有了新的生活目标。未来，在陪伴你成长的道路上，妈妈要考下高级营养师证成为营养师，还要练习瑜伽并成为瑜伽教练。总之，妈妈要在运动和健康营养饮食这两方面持续深耕，取得成果。有人把陪孩子成长的过程，比喻成燃料将火箭推向天空的过程。孩子是妈妈这辈子最想顶起的火箭，她通过燃烧自己给孩子提供起飞的动力，而妈妈只有生活得健康快乐，做自己喜欢的事情，才能让燃料动力十足，才能助推火箭冲向天空，让孩子去更高的维度完成更高的使命。

小橙子，正因为是这样妈妈坚信做自己喜欢的事才能快乐，而快乐的妈妈才能更好地滋养孩子，孩子才能获得高质量的陪伴，从而健康成长，去更好地完成自己的使命。

小橙子，在未来我们彼此陪伴的日子里，你要好好地长大，而妈妈则持续地成长。我们是母子，也是一起成长的朋友，一起努力呀。

江静华

亲子同行，共绘成长画卷

高级家庭教育指导师
高级青少年成长指导师
高级阅读指导师

在人生的长河中，每一对父母与孩子的相遇，都是命运最温柔的安排。作为一位高级家庭教育指导师兼母亲，我有幸与我的儿子一同走过了无数个日日夜夜，见证了他的成长与蜕变。在孩子17年的成长旅程中，有欢笑也有泪水，有挑战更有收获。而我与孩子的关系也超越了传统意义上的母子界限，使得我们在这段奇妙旅程中相互学习，共同成长。

孩子从蹒跚学步到青春飞扬，其每一个成长的瞬间都镌刻着我们的共同记忆。

在孩子的成长过程中，我学会了倾听他内心的声音，尊重他的选择与梦想；而他，则以纯真的视角和无限的创造力，教会了我如何以更加开放和包容的心态面对生活。我们携手并肩，在挑战中寻找机遇，在失败中汲取力量，共同绘制了一幅幅绚烂的成长画卷。

我想通过三个小故事，分享我们母子间那些关于理解、坚持与热爱的温馨瞬间，以及在这些经历中我们共同学习、共同进步的感悟。

01. 爱的觉醒，从自我反思开始

时光回溯到2015年5月，儿子8岁，那是我职业生涯最为忙碌的时期。由于工作的原因，我频繁出差，儿子大部分时间都由外公外婆照顾。然而，生活的变故总是来得猝不及防，外公和外婆在3个月内的突然离世给整个家庭蒙上了一层阴影，也悄然改变了我与儿子之间的关系。

失去外公外婆后，我发现与儿子的沟通变得异常困难。曾经那个依偎在我怀里听故事的小男孩，如今却像是一只浑身带刺的小刺猬，对我的每一句话都充满了抵触。每当我想要靠近他时，换来的总是他冷漠的眼神和激烈的反抗。我意识到，问题的根源或许并不在孩子身上，而是在我这个母亲角色的缺失与不当的教育方式上。

于是，我做出一个决定——去北京学习家庭教育指导师的课程。那段日子，我像是回到了学生时代，每天沉浸在书海中，学习如何更好地理解和教育孩子。当我终于拿到高级家庭教育指导师资格证的那一刻，我深知，这是我作为母亲成长的新起点。

我开始尝试用新学到的知识与儿子沟通，我蹲下身来，看着他的眼睛，告诉他："儿子，对不起，因为妈妈是第一次做母亲，有很多不懂、做得不对的地方，请你原谅妈妈，我一定会努力做得更好。”让我意想不到的是，儿子沉默了一会儿后，也认真地对我说：“妈妈，我也是第一次做儿子，我也有很多做得不对的地方，请妈妈原谅，我也会越来越好的。”我激动不已，简直不敢相信那是一个8岁小朋友说出的话。那一刻，我仿佛看到了我们之间那堵无形的墙轰然倒塌，取而代之的是温暖而明亮的阳光。

这次经历让我深刻体会到，面对亲子关系中的问题，首先要做的就是从自己身上找原因，勇于承认并改正错误。只有当我们愿意放下身段，以平等和尊重的态度去倾听孩子的声音时，我们才能找到解决问题的钥匙，拥有和谐的亲子关系，让家庭重新回归和谐与温馨。

02. 坚持的力量，在挑战中成长

时光荏苒，转眼间，我的儿子已成长为一名9岁的少年，踏入了小学三年级的门槛。这一年，对他而言，是梦想与汗水交织的璀璨篇章。他有幸代表福州，踏上了前往北京参加全国机器人大赛决赛的征途，作为队伍中年龄最小的成员，这份荣誉与挑战并重。

赛前的准备是漫长而艰辛的，儿子与队友们夜以继日地调试机器人，探讨策略，那份对未知的渴望和对胜利的向往，在他们稚嫩的脸庞上熠熠生辉。然而，当真正站在国家级赛事的舞台上，面对着来自五湖四海的强劲对手时，那份初出茅庐的稚嫩瞬间被紧张与压力所笼罩。特别是当他们遭遇了看似无法逾越的竞争对手，在连续挫败之下，他们团队的士气跌至谷底。

连续交锋失败后，其他队员纷纷失去了信心，跑去观看其他队伍的比赛。只有儿子，一个人孤零零地站在赛场上，当我通过电话手表焦急地给予他鼓励时，儿子展现出了超乎年龄的坚韧与不屈。他的声音虽带着微颤，但那份坚定如同夜空中最亮的星，照亮了团队的希望之路。他选择独自留在赛场上，那份孤独并非绝望，而是对梦想的执着追求。他一遍遍地调整机器人的每一个细节，一次次地尝试新的战术，用行动诠释着“失败乃成功之母”的真谛。

队友们被他的坚持深深触动，纷纷放下心中的畏惧与逃避，重新聚首，共同为团队的荣誉而战。这份团结的力量，让他们的机器人仿佛被赋予了新的生命，在赛场上展现出前所未有的活力与创造力。

最终，经过三天紧张激烈的角逐，儿子和他的团队以不懈的努力和坚定的信念，赢得全国机器人大赛的三等奖。当奖牌挂在他胸前的那一刻，儿子脸上绽放出的笑容，是对付出的汗水与泪水最美好的诠释。那一刻，我深刻体会到，作为家长和教育者，最重要的是教会孩子面对困难时的勇气与坚持，因为在每一次挑战的背后，都隐藏着成长的契机与无限的可能。

03. 重拾热爱，让音乐成为灵魂的慰藉

儿子与钢琴的缘分始于他4岁那年。起初，他对这个能发出美妙声音的乐器充满了好奇和喜爱。然而，随着时间的推移和学业的加重，这份热爱似乎逐渐淡去。到二年级开始考级后，他更是对钢琴产生了抵触情绪，说弹钢琴没有意思。无论我如何威逼利诱，软硬兼施，都无法让他重新坐在钢琴前。

作为母亲，我深知这5年来的辛苦和付出不能就这样付诸东流。于是，我决定换一种方式去唤醒他对钢琴的热爱。我开始在家里播放优美的钢琴曲，带他去听钢琴演奏会，还鼓励他与不同的钢琴老师交流。渐渐地，我发现儿子对钢琴的态度开始有了微妙的变化——他会主动谈论钢琴曲中的情感表达和艺术魅力，甚至会在心情不好的时候独自弹奏一曲来慰藉心灵。

终于有一天，他重新坐在了钢琴前，手指在黑白键上跳跃起舞。那一刻，我仿佛看到了他内心深处那份对音乐的热爱再次被点燃。在小学五年级时，他顺利通过了钢琴十级考试。如今，在高中学习如此繁重的情况下，他这个非艺术生依然会抽出时间去练习曲目、参加学校的艺术节并屡获佳绩。他成了班上的“艺术小王子”，用音乐为同学们带来了无尽的欢乐和感动。

这段经历让我深刻体会到：对感兴趣的领域有强烈的探索欲

是推动学习的内在动力。作为父母，我们应该鼓励孩子深入探索自己的兴趣所在，并为他们提供相应的资源和支持。只有这样，他们才能在追求梦想的道路上越走越远，越飞越高。

回顾与儿子共同走过的这段旅程，我深感父母与孩子之间是相互学习、共同进步的。在陪伴他成长的过程中，我也在不断地反思和提升自己。高级家庭教育指导师、高级青少年成长指导师、高级阅读指导师都是我在陪伴他的过程中获得的勋章。我学会了如何更好地理解和教育孩子，如何在面对挑战时保持坚持和勇气，如何激发孩子对知识的渴望和对生活的热爱。

我相信，每一个孩子都是独一无二的个体，有着自己成长的节奏和方式。作为父母，我们的责任就是为他们提供一个充满爱和支持的环境，让他们在探索世界的过程中勇敢地前行，自信地成长。同时，我们也要一直保持一颗学习的心，与孩子一起成长、进步。因为在这条充满未知和可能的道路上，我们不仅是他们的引路人，更是他们最坚实的后盾和最亲密的伙伴。

朱文静

AI 浪潮下的教育之路

三个孩子的宝妈
收纳整理达人
利用AI教育孩子、陪孩子终身学习的实践者

随着人工智能（AI）技术的迅速发展，社会的各个领域都在经历着前所未有的变革。尤其在教育领域，AI的应用不仅改变了教学方式，也对家长提出了新的要求。过去，父母只需关注孩子在校的学习成绩，而现在，他们还要面对如何在家庭中引导孩子利用科技工具进行自主学习的挑战。

曾几何时，父母是家庭中“无所不知”的角色，但在当今这个信息爆炸的时代，父母面对的教育挑战比以往任何时候都更加复杂多样。如何在这股AI浪潮中，自己不仅不被“淹没”，还能够引导孩子在学习的海洋中愉快地“畅游”，这成为现代父母的必修课。

01. 理解AI时代对教育的变革

AI在教育中的应用。想象一下，曾经只存在于科幻小说中的情景，现在已经成为现实：孩子们坐在家中，通过屏幕可以直接与全球古今顶尖的思想家、学者、教授对话，甚至可以与AI助手进行个性化学习。AI不仅仅是一个工具，更像是一位时刻陪伴孩子学习的导师。“AI让教育变得触手可及，但智慧的使用才是关键。”

学习内容的多样化和复杂化。曾几何时，语文、数学、外语是学生们主要的学习内容，但现在，孩子们可以轻松地学习编程、数据科学，甚至是复杂的人工智能原理。这些曾经被认为是大学生或研究人员才能掌握的知识，现在正逐渐成为中小学生的“新常态”。“学习内容变得无比丰富，但真正重要的是如何在多样性中找到自己的方向。”

终身学习的重要性。终身学习不仅仅是指知识的更新，还包括能力的提升、思维方式的转变以及心智的成长。终身学习需要孩子具备好奇心、自我驱动和持续进步的能力，而这些都离不开家庭的引导和支持。作为父母，我们的责任就是帮助孩子从小养成终身学习的习惯。“终身学习是未来的生存之道，教会孩子在变化中不断学习，是我们最大的责任。”

02. 父母角色的重塑

从知识传授者到学习的支持者。随着AI技术的普及，父母在教育中的角色正在发生深刻的转变。过去，父母可能更像是孩子的老师，承担着知识传授的重任。然而，在AI时代，知识变得触手可及，我们的角色更多地转向了学习的支持者。我们不再是高高在上的知识权威，而是陪伴在孩子身边的学习伙伴。我们要做的是放下控制的欲望，给予孩子更多的自主权和选择权，帮助他们找到自己的兴趣和激情，并给予他们实现梦想的支持和信任。“在AI时代，父母不再是知识的权威，而是孩子探索世界的最佳伙伴。”

引导孩子培养批判性思维。批判性思维是一种主动的思考方式，它要求我们对信息进行深入分析，而不是被动接受。在这个AI信息泛滥的时代，我们可以通过与孩子进行讨论，鼓励他们提出问题，思考不同观点的利弊，学会运用批判性思维识别信息的来源，评估其准确性，并从中得出自己的结论。“批判性思维是面对信息洪流的利器，让孩子学会质疑、分析和判断。”

督促孩子培养独立性与自主性。AI时代赋予了孩子们更多的学习自主权，培养孩子的独立性与自主性意味着父母要给予他们更多的选择权和决策权，而不是一味地替他们做决定。比如，在选择学习内容时，我们可以和孩子一起讨论，听取他们的意见，让他们自己做出决定。同时，也要让他们明白，独立学习不仅仅是自己做出选择，更是要对自己负责。“独立性和自主性是未来社会的核心竞争力，帮助孩子学会自我管理，是我们能给予他们的最大支持。”

03. AI时代陪伴孩子学习的方法与策略

善用AI学习工具：让科技为你服务。AI学习工具的出现，为孩子们的学习提供了前所未有的便利。比如，编程学习平台可以帮助孩子们掌握未来的关键技能，而在线辅导应用则可以提供个性化的学习支持。通过合理使用这些工具，孩子们可以在家中获得与课堂相媲美的学习体验。作为父母，我们需要帮助孩子选择和使用这些工具，从而让科技真正为他们的学习服务。“AI学习工具如同学习助手，合理利用可以让孩子的学习事半功倍。”

激发好奇心：问问题比找答案更重要。好奇心是孩子们学习的最大动力。在AI时代，孩子们可以通过各种渠道获取答案，但真正重要的是他们提出的问题。通过鼓励孩子提问，我们可以帮助他们培养批判性思维，激发他们对知识的渴望，构建自己的知识体系。问问题的过程本身就是一种学习，它能让孩子们更加主动地去寻找答案，从而培养他们的独立学习能力。“在AI时代，提出问题比找到答案更重要，孩子们的问题就是他们探索世界的起点。”

创造一个轻松的学习环境：学习可以很有趣。学习不应该是一件痛苦的事，尤其是在充满科技的AI时代。父母利用互动式学习游戏可以让孩子在玩乐中学习数学、科学等学科知识，让学习变得生动有趣。当学习变得像游戏一样有趣时，孩子的参与度自然会提高，他们不仅会更投入，还会在学习中找到真正的乐趣。这种愉悦的学习体验，不仅能帮助他们更好地吸收知识，还能培养他们对终身学习的积极态度。“学习不该是负担，它应该像游戏一样有趣，让孩子们在快乐中学会如何思考和探索。”

04. 打造支持学习的家庭环境

创造积极的学习氛围。家庭是孩子成长的第一环境，父母可以通过营造一个充满好奇心和探索精神的家庭环境，鼓励孩子主动学习和分享他们的发现。比如，每周安排家庭学习时间，一起讨论有趣的话题或新知识，同时，父母要能够以身作则，展示出对知识的热爱和求知的热情，孩子们也会受到感染，变得更加积极主动。“一个积极的家庭学习氛围，就像阳光和雨露，滋养着孩子的求知之心。”

合理规划时间与资源。在AI时代，时间管理和资源的合理利用变得尤为重要。父母可以与孩子一起制订学习计划，明确学习目标，并合理安排每天的学习时间和休息时间。在避免让孩子长时间沉迷于屏幕前的同时，也要留出足够的时间让他们进行户外活动和社交。平衡好学习和休闲，才能让孩子在身心健康的状态下，高效地完成学习任务。“时间和资源的合理分配，是孩子高效学习和全面发展的基石。”

支持兴趣导向的学习。兴趣是孩子学习的最大动力。在AI时代，父母应该鼓励孩子根据自己的兴趣选择学习内容和方向，无论是科学实验、艺术创作，还是体育活动。通过兴趣导向的学习，孩子们不仅会更积极主动地投入，还能在他们感兴趣的领域中深入探索，获得更多的成就感和自信心。

“兴趣是孩子最好的老师，父母的支持能点燃他们无限的潜力。”

05. 培养跨学科能力与创新思维

鼓励跨学科的学习与应用。AI时代的教育，越来越强调跨学科的整合与应用。父母可以鼓励孩子将不同学科的知识结合起来进行学习和实践。比如，孩子可以将数学应用于科学实验，利用编程技能创造艺术作品，或通过历史研究设计虚拟游戏。这种跨学科的学习方式，不仅能让孩子更好地理解不同领域的知识，还能培养其在复杂问题中的分析和解决能力。“跨学科学习让孩子拥有更广阔的视野和更强的创新能力，为未来的发展打下坚实的基础。”

培养孩子的创造力和想象力。AI可以处理大量的信息和数据，但创造力和想象力仍然是人类独有的宝贵品质。父母应该通过各种方式，帮助孩子培养和发展他们的创造力和想象力。父母可以通过与孩子一起探讨各种天马行空的想法，激发他们的创意思维。比如，讨论“如果你是世界的统治者，你会怎么改变世界”或者“如果你可以发明一种新科技，它会是什么样子”这些开放性的问题，能够帮助孩子突破思维的限制，开拓孩子的创造力和创新思维。“创造力和想象力是孩子未来成功的关键，家长要鼓励孩子大胆想象，勇于创造。”

支持创新实践和实验。AI时代的教育，不仅需要知识的积累，更需要创新实践的能力。父母应该鼓励孩子在现实生活中解决问题，将所学知识应用到实践中。通过这些实践，孩子们能够验证自己的想法，更好地理解知识的实际应用价值，并在这个过程中培养出真正的创新思维和问题解决能力。“实践出真知，鼓励孩子在动手中创造，在实验中成长。”

在AI时代，教育的形态正在发生深刻的变化，父母的角色也需要重新定义。父母作为孩子成长和学习的重要支持者，从善用AI工具到激发孩子的好奇心，从营造积极的家庭学习氛围到鼓励跨学科的学习和创新思维，我们需要不断学习和适应新的教育方式，通过科学的指导和积极的陪伴，帮助孩子在这个充满挑战和机遇的时代中，找到属于他们的成长之路。想要了解更多的AI工具以及陪伴孩子终身学习的方法论和实操，欢迎来链接我。在未来的道路上，让我们与孩子一起，勇敢面对未知，持续探索，共同学习，共同成长，共同迎接未来的挑战。